MARTIN KINTRUP

EINFACH MAL WILD

WILDER GESCHMACK, NULL STRESS

LV.Buch

VORWORT

EINFACH MAL WILD – EINFACH MAL LECKER

Liebe Leserinnen und Leser,

zunächst möchten wir uns einfach mal bei Ihnen bedanken: Dafür, dass unser Vorgängerbuch »Richtig Wild« von Ihnen so wohlwollend beurteilt wurde und sogar den ein oder anderen Preis einheimsen konnte. Ein großer Ansporn und eine tolle Motivation für die Arbeit am Nachfolger, der Sie hoffentlich genauso begeistern wird.

Wir, das sind zum einen die geniale Fotografin Merle Weidemann, die meine Gerichte so wunderbar in Szene setzt. Auf ihr Gespür für Settings, Materialien, Bildausschnitte und Licht ist einfach Verlass und ihr Fundus an Zubehör ist nahezu unerschöpflich. Der zweite Teil des »Wir« bin ich, Martin Kintrup, erfahrener Autor und Foodstylist mit viel Liebe für Nachhaltigkeitsthemen. Die Wildküche gehört für mich eindeutig dazu!

In unserem Wild-Erstling haben wir neben abwechslungsreicher, internationaler Küche einen Schwerpunkt auf festliche Menüs mit Reh, Fasan & Co. gelegt, die in der Vorbereitung natürlich etwas aufwendiger sind. Schon damals entstand die Idee, einen eventuellen Nachfolger einsteigerfreundlicher zu gestalten: Gerichte mit simplen Handgriffen und geringer effektiver Arbeitszeit. Trotzdem spannend und kreativ. 30 Minuten reine Arbeitszeit waren dabei das Ziel. Ob das möglich ist? Herausforderung angenommen!

And here we are! Nach rund 70 entwickelten und gekochten Rezepten für dieses Buch kann ich sagen: Die 30-Minuten-Grenze haben wir meist eingehalten, reine Wartezeiten, etwa beim langsamen Schmoren, natürlich nicht mitgerechnet. Hier und da dauert es etwas länger, aber eins kann ich versprechen: Komplizierte Handgriffe und aufwendiges Zubehör sind abgesehen vom heiligen Fleischthermometer (siehe Seite 10) nicht nötig. Eines Tricks mussten wir uns zugegebenermaßen aber bedienen: Das lästige Entfernen der Silberhaut (siehe Seite 8), das besonders bei Neulingen unnötig Zeit kostet und uns die zeitliche Bilanz ganz sicher verhagelt hätte, überlassen wir Metzger, Wildhändler und Co.

Nach einem kurzen Einführungsteil auf den nächsten Seiten starten wir direkt mit den Rezepten. Eine anfängerfreundliche Besonderheit: Den wichtigsten Zubereitungen der Wildküche widmen wir in den sieben Kapiteln insgesamt neun Sonderseiten. So lernen Sie beispielsweise die köstlichsten Krusten, die knusprigsten Panierungen und die würzigsten Marinaden kennen und erfahren ganz nebenbei, wie Sie „Step by Step" eine perfekte Wildsauce kochen oder Reste am nächsten Tag kreativ verwerten können.

Viel Spaß beim Entdecken und Genießen!

Martin Kintrup

Inhalt

HASE & KANINCHEN

ENTE & GANS

TAUBE & FASAN

HACKFLEISCH, SCHINKEN & CO.

Wildfleisch: Genuss aus der Natur

Reh, Hase & Co. sind eine echte Bereicherung für unsere Küche. Das Fleisch von Wild aus heimischen Revieren hat eine besonders delikate Note.

Wildfleisch ist aus meiner Sicht ein absolut nachhaltiges Produkt. Die Tiere benötigen weder Futter noch Medikamente und der Transport zum Schlachthof entfällt. Trotzdem wird über den Sinn der Jagd immer mal wieder kontrovers diskutiert. Das Thema in all seinen Facetten zu beleuchten, ist für ein Kochbuch allerdings zu anspruchsvoll. Die verschiedenen Standpunkte abzuwägen und unter einen Hut zu bringen und die Jagd umweltgerecht weiterzuentwickeln, ist aber eine wichtige Aufgabe für die nächsten Jahre. Das gilt umso mehr vor dem Hintergrund des Klimawandels, der auch den heimischen Ökosystemen zusetzt und vielerorts einen Waldumbau von strukturarmen Reinbeständen hin zu artenreichen Mischwäldern nötig macht.

Jagdstrecke in Zahlen

Das in Deutschland meistgejagte Wild ist das Rehwild, das sich in unserer Kulturlandschaft wohl fühlt. Über 1,2 Millionen Stücke werden in Deutschland jährlich erlegt. Es folgt das Schwarzwild, also Wildschweine, mit 500.000 bis 700.000 Stücken.

Vom Feldhasen und Kaninchen werden zusammen rund 300.000 Exemplare erlegt. Rot- und Damwild kommen wegen ihrer hohen Ansprüche an den Lebensraum bundesweit nicht flächendeckend vor, dementsprechend ist die Zahl der erlegten Tiere mit rund 140.000 deutlich geringer.

Von den Wildvögeln spielen Enten, Gänse, Tauben und Fasane die größte Rolle, sie kommen zusammen auf rund 750.000 erlegte Tiere.

Muffelwild und Gamswild sind nur regional von Belang, etwa das Gamswild am Alpenrand. Es ist im Handel selten erhältlich. Daher habe ich sie in diesem Buch für Neulinge nicht berücksichtigt.

Wild einkaufen

Trotz der großen Zahl von mehr als 3 Millionen für den Verzehr erlegten Wildtieren in Deutschland ist es umso erstaunlicher, dass es gar nicht so einfach ist, Wildfleisch im Handel zu finden. Nur äußerst selten ist Wildbret in besonders gut sortierten Supermärkten erhältlich, z. B. Steaks oder Gulasch. Dabei auf die Herkunft achten, häufig stammt es nicht aus Deutschland. Heimisches Wild findet man mit Glück beim örtlichen Metzger. Wer auf dem lokalen Wochenmarkt einen spezialisierten Wildhändler hat, dem bietet sich eine große Auswahl perfekt parierter Fleischstücke. Auch über das Internet verkaufen zahlreiche Händler Wildfleisch, das gut gekühlt per Express versandt wird. Wegen des anfallenden Verpackungsmülls ist das allerdings nicht die nachhaltigste Variante.

Die zuverlässigsten Quellen sind die örtlichen Jäger selbst. Infos dazu findet man bei der Kreisjägerschaft oder dem Forstamt.

Heißer Tipp für Anfänger: Das Fleisch beim Kauf parieren lassen. So ersparen Sie sich das lästige Entfernen der Silberhaut, das Zeit kostet und für Einsteiger in die Wildküche etwas kniffelig ist.

Rehwild – hier ein Rehbock – ist in Deutschland sehr weit verbreitet.

Foto: JMrocek/iStock/Getty Images Plus

In der Küche: Tipps für die Zubereitung

Diese Fakten sollte jeder kennen, der Wild in der Küche zubereitet.

Aufbewahrung

Vom Händler werden Sie in der Regel fertig gereiftes Fleisch erhalten, das sofort in der Küche verwendet werden kann. Ist dieses vakuumiert, ist es bei ca. 0 °C, z. B. in einem speziellen Fach im Kühlschrank, etwa drei Wochen haltbar. Ohne Vakuumierung beträgt die Haltbarkeit im Kühlschrank jedoch nur zwei bis drei Tage. Geflügel und Hackfleisch sollten innerhalb eines Tages verzehrt werden.
Für längere Lagerung kann das Fleisch eingefroren werden: Bei –18 °C ist es je nach Sorte zwischen sechs bis acht Monate (Wildgeflügel, Wildschwein, Hase, Leber, Würste) und einem Jahr (Reh und Hirsch) haltbar. Eine Vakuumierung schützt dabei besonders gut vor Gefrierbrand. Das Fleisch im Kühlschrank auftauen lassen. Es dauert je nach Größe des Stücks bis zu zwölf Stunden. Die austretende Flüssigkeit unbedingt weggießen.

Küchenhygiene

Es ist ein lästiges Thema, aber es ist unbedingt nötig, kurz darüber nachzudenken: Durch den hohen Wasser- und Proteingehalt können sich auf rohem Fleisch, insbesondere auf Geflügel, schnell Keime ansiedeln. Daher ist in der Küche besondere Sorgfalt angesagt. Rohes Fleisch sollte nicht mit anderen Lebensmitteln in Kontakt geraten, die anschließend roh verzehrt werden, etwa Salat. Das gilt auch für verwendete Messer, Brettchen und Teller.
Intuitiv würde man denken, dass das Waschen eines Fleischstücks sinnvoll ist. Durch Wasserspritzer werden eventuelle Keime jedoch eher in der Küche verteilt als entfernt. Das rohe Fleisch also besser mit Küchenpapier trocken tupfen und anschließend weiterverarbeiten, das Papier sofort entsorgen. Verwendetes Zubehör und Arbeitsflächen anschließend mit heißem Wasser und Handgeschirrspülmittel säubern. Die verwendeten Spül- und Trockentücher danach auswechseln und bei mindestens 60 °C in der Waschmaschine reinigen.

Silberhaut

Jegliches Muskelfleisch ist von der feinen Silberhaut umgeben. Beim dunklen Wildfleisch ist sie als weißer Überzug deutlich zu erkennen. Das Problem: Sie macht das Fleisch nach dem Garen sehr zäh. Für den feinen Wildgenuss sollte sie daher unbedingt entfernt werden. Das kostet Zeit und erfordert zudem Übung.
Für die schnelle Wildküche empfehle ich daher, auf fertig pariertes Fleisch zurückzugreifen. Wer sich selbst herantrauen möchte, sollte sich ein spitzes, scharfes Parier- oder Filetiermesser besorgen.
Hier eine kurze Anleitung: Die Klinge des Messers an einer Stelle knapp unter die Silberhaut stechen. Dabei darauf achten, nicht zu tief zu schneiden, um möglichst wenig Fleisch zu verlieren. Anschließend mit dem Messer flach entlang der Silberhaut schneiden, um sie vom Fleisch zu trennen. Die scharfe Kante der Klinge wird dabei gegen die Silberhaut geführt, sodass die Klinge zwischen Silberhaut und Fleisch entlanggleitet. Diesen Vorgang an verschiedenen Stellen wiederholen, bis die gesamte Silberhaut entfernt ist. Sehr anschauliche Anleitungen finden sich auch im Internet.

Wer einen Fleischwolf hat, kann sein Hack frisch herstellen.

Entspannt Garen und flexibel genießen

Für Einsteiger sind Gerichte, die über längere Zeit gemütlich vor sich hin schmoren, oder welche zum Kurzbraten und Grillen ideal. Aber auch andere Zubereitungsmethoden wie Konfieren, also das langsame Garen bei niedriger Temperatur in Fett, machen wenig Mühe und lassen dabei genügend Zeit, parallel leckere Beilagen vorzubereiten.

Welche Fleischstücke für die jeweiligen Rezepte geeignet sind, lesen Sie in der Zutatenliste. Zudem finden sich Zubereitungszeiten und Zieltemperaturen bei feinen Stücken wie Rücken oder Filet in den Rezepten, sodass bei der Zubereitung nichts schief gehen sollte.
Ein weiterer Pluspunkt: Die Zutaten der einzelnen Komponenten eines Rezeptes, etwa Fleisch, Püree und Gemüsebeilage, werden getrennt aufgeführt. So lassen sich die Rezepte dieses Buchs nach Lust und Laune untereinander kombinieren.

Das muss sein: Fleischthermometer

Passionierten Fleischfans bietet sich im Fachhandel eine spektakuläre Auswahl an außergewöhnlichem Zubehör. Wirklich unverzichtbar ist für den Anfang aus meiner Sicht neben scharfen Messern nur eines: ein Fleischthermometer.

Das Spektrum von Zubehör für die Fleischzubereitung reicht von kleinen praktischen Küchenhelfern bis zu teuren Gadgets wie einem Sous-vide-Garer für sanftes Garen bei niedrigen Temperaturen oder dem genauen Gegenstück, einem speziellen Grill mit einer sogenannten „Sizzle-Zone", auf der Temperaturen von über 800 °C erreicht werden. Damit erhält ein Steak in Nullkommanichts die gewünschten Röstaromen, um anschließend in einem anderen Bereich bei niedriger Temperatur bis zum präferierten Grad zu garen. Wer gerne experimentiert und Neues ausprobiert, wird an solchen Geräten sicher seine Freude haben.

Das Thermometer

Für den Einstieg in die Wildküche sind solche Spielereien vollkommen überflüssig, denn großartige Ergebnisse erzielt man auch mit der herkömmlichen Küchenausstattung. Wer allerdings Wert auf ein extra zartes, rosa gegartes Stück Fleisch etwa aus dem Rücken legt – und das sollten Sie definitiv – kommt um genau einen praktischen Helfer nicht herum: das Fleisch- oder Bratenthermometer! Dieses hilft, die Kerntemperatur immer im Blick zu behalten, um einen optimalen Garpunkt zu erzielen. Die passenden Zieltemperaturen werden in allen Rezepten dieses Buchs, bei denen diese Zubereitungsart möglich ist, genannt.

Unterschiedliche Modelle

Bewährt haben sich Modelle mit einer Temperatursonde an einem hitzebeständigen Kabel. Diese wird mittig in das Fleisch gestochen. Das eigentliche Thermometer wird per Magnethalterung außen am Backofen angebracht oder danebengelegt. Bei digitalen Modellen kann in der Regel eine Zieltemperatur eingestellt werden. Mit einem Alarm meldet sich das Thermometer bei Erreichen des Ziels. So ist ein Übergaren empfindlicher und besonders zarter Fleischstücke kaum noch möglich.
Sehr praktisch: Einige Modelle lassen sich mit dem Smartphone verknüpfen. Die aktuelle Temperatur und der Alarm werden also per App direkt auf das Smartphone übertragen. Wer bei Tisch mit Freunden und Familie eine unbeschwerte Zeit verbringen möchte, wird diese Funktion womöglich zu schätzen wissen.

Foto: -lvinst-/iStock/Getty Images Plus

Foto: KucherAV/iStock/Getty Images Plus

Echt scharf: Messerwisser

In der Wildküche gehören Messer einfach zur Standardausrüstung. Die wichtigsten stellen wir hier vor. Eines haben alle gemein: Scharf müssen sie sein!

Unverzichtbar und für Anfänger vollkommen ausreichend ist das **Kochmesser**, auch Chefmesser genannt. Es gilt zu Recht als das universellste und vielseitigste Werkzeug in der Küche. Es zeichnet sich durch einen relativ hohen Klingenrücken und eine lange, spitz zulaufende Klinge von etwa 20–21 cm aus. Damit eignet es sich sowohl zum Zerteilen und Schneiden von Fleisch und Gemüse, als auch zum Wiegen von Kräutern.

Für Fleisch, Fisch und Gemüse

Eine gute Alternative ist das japanische **Santokumesser**. Die breite, flache Klinge hat nur eine Länge von etwa 12–18 cm. Trotzdem eignet sich das Messer hervorragend zum Schneiden, Hacken und Zerkleinern von Fleisch, Fisch und Gemüse. Das Santokumesser kombiniert die Vielseitigkeit eines europäischen Kochmessers mit der Präzision asiatischer Schneidwerkzeuge.

Braten & Co. sauber schneiden

Das nächste Messer im Sortiment könnte das Tranchiermesser sein, auch **Fleischmesser** genannt. Es besitzt eine schmale, 15–30 cm lange Klinge. Es ist speziell dafür ausgelegt, dünne, gleichmäßige Scheiben von Braten, Schinken oder Geflügel zu schneiden. Seine lange, zum Teil geschwungene Klinge ermöglicht saubere, gleichmäßige Schnitte ohne Druck. So lässt sich beispielsweise ein Braten bei Tisch perfekt und für die Gäste auf beeindruckende Weise portionieren.

Zum Knochen auslösen

Ein **Ausbeinmesser** ist der „Next Step" für alle, die sich langsam an komplexere Gerichte herantrauen und Wildstücke kompetent vom Knochen lösen möchten. Es zeichnet sich durch eine schmale, häufig flexible oder semiflexible Klinge von ca. 13–16 cm Länge aus. Diese Flexibilität ermöglicht präzise Schnitte entlang der Knochen, wodurch das Fleisch sauber und effizient abgelöst werden kann. Die nervige Silberhaut lässt sich damit wunderbar ablösen, auch wenn ein noch schmaleres Filier- bzw. Filetiermesser dafür die erste Wahl ist.

Lebenslange Begleiter

Da Fleischmesser im Idealfall viele Jahre im Einsatz sind, lohnt es sich, auf Qualität und Langlebigkeit zu achten. Wichtig sind ein hochwertiger Schliff und die chemische Zusammensetzung des Klingenstahls. Davon ist beispielsweise die Schnitthaltigkeit abhängig, das heißt der Widerstand gegen Abnutzung.

Ein stabiler, ergonomisch geformter Griff ist ein weiteres wichtiges Kriterium, er sorgt für sicheres Arbeiten. Lassen Sie sich am besten im Fachhandel beraten und nehmen Sie für das Messer ruhig etwas mehr Geld in die Hand. Ein über Jahrzehnte mit Freude nutzbares Küchenwerkzeug ist jeden extra Euro wert und außerdem richtig nachhaltig. Auch für das notwendige Nachschärfen, um das kein Messerbesitzer auf Dauer herumkommt, ist eine Beratung im Fachhandel sehr hilfreich.

Ganz wichtig bei allen scharfen Messern: Niemals in der Spülmaschine reinigen! Spülmittel, Klarspüler, Salz und Hitze greifen auch die robustesten Klingen an und sorgen dafür, dass sie schnell stumpf werden. Profis spülen ihre Messer mit warmem Wasser, eventuell mit wenig Spülmittel, und trocknen sie anschließend gründlich ab.

Best Friends: Wild und seine Lieblingsgewürze, Kräuter & Co.

Wildfleisch wird für seinen intensiven Geschmack geschätzt. Dieser sollte für Fans natürlich in jedem Gericht im Mittelpunkt stehen, kann aber durch verschiedene Kräuter und Gewürze auf angenehme Art unterstützt werden.

Von Lauch bis Salbei

Vielfach die Basis für das Würzen von Wildfleisch sind süßlich-scharfe Laucharomen aus Zwiebeln, Schalotten, Knoblauch oder Bärlauch. Besonders gut passen zudem herbe, ätherische oder harzige Aromen, wie sie in Pfeffer, Wacholderbeeren, Lorbeerblättern, Rosmarin, Thymian oder Salbei vorkommen. Diese Gewürze und Kräuter können kurz mitgebraten oder auch länger mitgeschmort werden.

Für ein tolles Aroma

Auch Gewürze mit leicht süßlicher, aromatischer Note – beispielweise Nelken, Zimt, Sternanis oder Piment – runden den typischen Wildgeschmack einfach genial ab und verleihen dem Fleisch dabei eine gewisse Leichtigkeit. Besonders geeignet sind sie im Ganzen für die Verwendung in Schmorgerichten, fein gemahlen machen sie sich auch wunderbar in Gewürzmischungen zum Grillen oder Kurzbraten.

Die Mischung macht es

Apropos Gewürzmischungen: Insbesondere nordafrikanische oder orientalische Gewürzmischungen harmonieren mit ihren meist milden Aromen perfekt mit Wildfleisch und eröffnen dabei ganz neue Geschmackswelten. Perfekte Beispiele sind Ras el-Hanout und Dukkah, für etwas mehr Schärfe Baharat. Diese Juwelen der Gewürzwelt sind in türkischen und arabischen Lebensmittelläden erhältlich, aber auch in gut sortierten Supermärkten, Biosupermärkten oder am Gewürzstand auf dem Wochenmarkt.

Mit Frucht kombiniert

Außergewöhnlich gut passen zu Wildfleisch zudem fruchtige Aromen mit säuerlicher Note. Auch diese sorgen für Harmonie und Leichtigkeit am Gaumen. Meine Favoriten sind dabei Zitrusfrüchte, insbesondere Orangen, bei denen auch die Schale – fein abgerieben – Verwendung findet. Aber auch Beeren, etwa Preiselbeeren, Holunderbeeren oder Johannisbeeren und für mich ganz persönlich Aprikosen – gerne extra praktisch als leckeres Fruchtmus –, sind famose Begleiter zu Wildgerichten

Foto: AlexRaths/iStock/Getty Images Plus

REH

4 Portionen

Zubereitung: 35 Min.

Fertig in: 2 Std. 15 Min. + Ruhezeit über Nacht

Rehfilet mit Dukkah-Kruste

und Grünkernsalat

Zutaten

für den Salat

250 g Grünkern
1 Rote Bete à ca. 400 g
1 rote Zwiebel
6 EL Weißweinessig
4 EL Walnussöl
2 TL Honig
Salz | Pfeffer
300 g TK-Erbsen
80 g Rauchmandeln
150 g Babyspinat oder Pflücksalat

für das Fleisch

6 Stücke Rehfilet à ca. 80 g
Salz | Pfeffer
60 g Butter
3 EL Zitronensaft
2 Knoblauchzehen
2–3 TL Dukkah (ägyptische Gewürzmischung)
1 EL Öl zum Braten
2 TL Honig
2 EL glatte Petersilie, gehackt

Zubereitung

Am Vortag für den Salat den Grünkern in einer Schüssel mit ausreichend Wasser bedecken, über Nacht einweichen. Die Rote Bete in einem Topf mit Wasser bedeckt zum Kochen bringen. Zugedeckt bei nicht zu starker Hitze ca. eine Stunde kochen, bis sie gar ist. Herausnehmen, abkühlen lassen und über Nacht kühl stellen.

Am nächsten Tag für den Salat die Zwiebel schälen und in feine Würfel schneiden. In einer Schüssel mit Essig, Öl und Honig verrühren, mit Salz und Pfeffer würzen. Das Einweichwasser vom Grünkern abgießen. Grünkern in einem Topf mit ausreichend Wasser bedeckt zum Kochen bringen, leicht salzen und 22 Minuten bei nicht zu starker Hitze mit schräg aufgelegtem Deckel gar kochen. Nach 15 Minuten die Erbsen dazugeben, erneut aufkochen und bei nicht zu starker Hitze fertig garen. Anschließend in ein Sieb abgießen und abtropfen lassen. Dann auf einen Teller verteilen und etwas abkühlen lassen.

Für das Fleisch den Backofen auf 80 °C Ober-/Unterhitze vorheizen. Filets trocken tupfen, salzen und pfeffern. Butter in einem Topf schmelzen, Zitronensaft unterrühren. Knoblauch schälen und dazupressen. Mit Salz und Pfeffer würzen, vom Herd nehmen. Dukkah auf einem Teller verteilen. Öl in einer Pfanne erhitzen, die Filetstücke darin rundherum anbraten. Anschließend in der Knoblauchbutter, dann im Dukkah wenden. Auf ein mit Backpapier ausgelegtes Blech legen. In eines der Fleischstücke ein Fleischthermometer stechen. Im Backofen (mittlere Schiene) bis zu einer Kerntemperatur von 56 °C (medium) garen. Inzwischen die restliche Knoblauchbutter mit Honig und gehackter Petersilie verrühren und zur Seite stellen.

Für den Salat die Mandeln grob hacken. Spinat waschen und trocken schleudern. Rote Bete schälen und in dünne Scheiben schneiden. Grünkern-Erbsen-Mix, Spinat bzw. Pflücksalat und zwei Drittel der Mandeln zu den marinierten Zwiebeln geben und alles gut durchmischen. Mit Salz und Pfeffer abschmecken.

Das Fleisch aus dem Ofen nehmen und kurz ruhen lassen. Zum Anrichten die Rote-Bete-Scheiben auf vier Teller verteilen. Grünkernsalat auf den Rote-Bete-Scheiben anrichten. Fleisch in Scheiben schneiden und auf dem Salat platzieren. Die Knoblauchbutter über das Fleisch träufeln, mit den restlichen Mandeln bestreuen und alles sofort servieren.

Info: Dukkah ist eine milde Gewürzmischung aus Ägypten, die sich bei uns wachsender Beliebtheit erfreut. Die Zusammensetzung variiert. Fein gemahlene geröstete Nüsse, Mandeln oder Sesam sind stets die Basis, ergänzt durch allerlei Gewürze wie Koriander, Fenchel und Kreuzkümmel sowie Kräuter wie Thymian oder Minze.

Rehsteak-Sandwiches

mit Avocadocreme

4 Portionen

Zubereitung: 25 Min.

Zutaten

für die Avocadocreme

1 Avocado

4 EL Limettensaft

Salz | Pfeffer

für den Preiselbeersenf

2 EL körniger Senf

4 EL Wildpreiselbeeren aus dem Glas

für die Toppings

50 g Rucola

2 Tomaten

1 rote Zwiebel

1 EL Weißweinessig

Salz | Pfeffer

2 EL Walnusskerne

für das Fleisch

6 flache Rehsteaks à 80–100 g, z. B. aus der Keule

Salz | Pfeffer

1 EL Olivenöl

40 g Kräuterbutter

außerdem

4 große Scheiben Sauerteigbrot

80 g Frischkäse

Zubereitung

Den Backofen auf 100 °C Ober-/Unterhitze vorheizen.

Für die Avocadocreme die Avocado halbieren und entkernen, das Fruchtfleisch aus der Schale löffeln und mit einer Gabel fein zerdrücken. Mit dem Limettensaft verrühren und mit Salz und Pfeffer abschmecken.

Für den Preiselbeersenf Senf und Preiselbeeren verrühren.

Für die Toppings Rucola waschen und trocken schleudern. Tomaten waschen und in Scheiben schneiden. Zwiebel schälen und in feine Ringe schneiden. Zwiebelringe in einem Schälchen mit dem Essig mischen und mit Salz und Pfeffer würzen. Walnüsse grob zerbröckeln.

Für das Fleisch die Steaks trocken tupfen und mit Salz und Pfeffer würzen. Olivenöl in einer Grillpfanne erhitzen. Die Steaks darin in zwei Portionen anbraten, sodass sie von beiden Seiten Grillstreifen erhalten. Anschließend in eine Auflaufform legen. Kräuterbutter in Scheiben schneiden und auf dem Fleisch schmelzen lassen. In eines der Fleischstücke ein Fleischthermometer stechen. Im Backofen auf der mittleren Schiene bis zu einer Kerntemperatur von 58–60 °C (medium) garen.

Inzwischen die Brotscheiben toasten und anschließend halbieren. Die Steaks aus dem Ofen nehmen und kurz ruhen lassen.

Zum Anrichten vier halbe Brotscheiben mit Frischkäse und Preiselbeersenf bestreichen. Die anderen Brotscheiben mit Avocadocreme bestreichen und mit den marinierten Zwiebeln und Tomatenscheiben belegen. Die Steaks in breite Streifen schneiden und darauf platzieren. Mit Rucola und Walnüssen toppen. Die übrigen Brothälften mit der bestrichenen Seite nach unten auflegen. Sofort servieren.

4 Portionen

Zubereitung: 35 Min.

Fertig in: 3 Std. 30 Min.

Rehschulter

mit Holundersauce

Zutaten

für die Gewürzmischung

20 Wacholderbeeren
10 g getrocknete Steinpilze
2 getrocknete Lorbeerblätter
2 TL bunter Pfeffer
4 TL getrocknete italienische Kräuter

für das Fleisch

2 Rehschultern à ca. 800 g, mit Knochen
Salz | Pfeffer
2 EL Gewürzmischung (s. o.)
3 EL Öl zum Braten
50 g Knoblauchbutter

für die Sauce

1 Möhre
1 Petersilienwurzel
1 Pastinake
1 Zwiebel
50 g Speckwürfel
1 EL Tomatenmark
2 EL Zucker
1 EL Gewürzmischung (s. o.)
400 ml roter Glühwein
400 ml Wildfond
200 ml Holundersaft
1 EL Speisestärke
30 g eiskalte Knoblauchbutter
1 EL körniger Senf
Salz | Pfeffer

Zubereitung

Den Backofen auf 80 °C Ober-/Unterhitze vorheizen.

Für die Gewürzmischung die Zutaten im Blitzhacker oder im Mörser fein zermahlen.

Für das Fleisch die Rehschultern waschen und trocken tupfen. Dann mit Salz und Pfeffer würzen und mit der Gewürzmischung einreiben. Öl in einem Bräter erhitzen und die Rehschultern darin nacheinander rundherum anbraten, bis sie leicht gebräunt sind. Auf ein mit Backpapier ausgelegtes Rost legen und auf der mittleren Schiene im Backofen drei Stunden garen. Den Bräter beiseitestellen.

Nach einer Stunde für die Sauce das Gemüse putzen und waschen bzw. schälen und in grobe Würfel schneiden. Den Bräter erneut erhitzen und den Speck im Bratfett auslassen. Das Gemüse hinzufügen und mitbraten, bis es leicht gebräunt ist. Tomatenmark und 1 EL Zucker hinzufügen und leicht karamellisieren lassen. Gewürzmischung unterrühren. Mit dem Glühwein ablöschen und den Wildfond angießen. Alles zum Kochen bringen und bei schwacher Hitze mit schräg aufgelegtem Deckel anderthalb Stunden köcheln lassen. Die eingekochte Sauce anschließend durch ein Sieb gießen.

Für das Fleisch 20 Minuten vor Ende der Garzeit die Knoblauchbutter in Scheiben schneiden, auf das Fleisch legen und schmelzen lassen.

Die Sauce fertigstellen. Dafür den übrigen Zucker in einem Topf karamellisieren lassen, die Sauce angießen und alles zum Kochen bringen. Holundersaft mit Speisestärke verrühren und hinzufügen. Zum Kochen bringen und einige Minuten leicht dicklich einkochen lassen. Den Senf unterrühren. Die eiskalte Knoblauchbutter unterschwenken. Mit Salz und Pfeffer abschmecken.

Zum Anrichten das Fleisch aus dem Ofen nehmen und kurz ruhen lassen. Dann vom Knochen schneiden und mit der Holundersauce auf vier Tellern anrichten.

Dazu passen Kartoffelknödel, Polenta oder Spätzle.

4 Portionen

Zubereitung: 30 Min.

Fertig in: 2 Std. 30 Min.

Rehkeule im Salzteig gebacken

mit Aprikosensauce

Zutaten

für den Salzteig

500 g Weizenmehl, Type 405
500 g Salz
3 Eier, Größe M

für das Fleisch

1 Rehkeule, ca. 1 kg, ohne Knochen
2 TL Wildgewürz
weißer Pfeffer
1 EL Olivenöl
2 Knoblauchzehen
2 Zweige Rosmarin
4 Zweige Thymian

für die Sauce

1 Zweig Rosmarin
1 Zwiebel
2 Knoblauchzehen
100 g eiskalte Butter
100 ml trockener Weißwein
200 g samtige Aprikosenkonfitüre
1/2 EL Zitronensaft
Salz | weißer Pfeffer

Zubereitung

Für den Salzteig in einer Schüssel Mehl und Salz mischen und eine Mulde hineindrücken. Eier und 175 ml Wasser hineingeben. Alles zu einem glatten Teig verkneten und diesen zugedeckt eine Stunde kühl stellen.

Den Backofen auf 200 °C Ober-/Unterhitze vorheizen.

Für das Fleisch die Keule trocken tupfen. Mit Wildgewürz, weißem Pfeffer und Olivenöl einreiben. Knoblauch schälen und in Scheiben schneiden. Rosmarin und Thymian waschen und trocken tupfen. Den Salzteig auf einer bemehlten Arbeitsfläche etwa 35 x 40 cm groß ausrollen. Rosmarin, Thymian und Knoblauch darauf verteilen. Die Rehkeule darauf platzieren, den Teig nach oben über das Fleisch klappen und gut verschließen. Mit der Naht nach unten auf einem mit Backpapier ausgelegten Blech im Backofen auf der mittleren Schiene zwei Stunden backen.

Für die Sauce den Rosmarin waschen und trocken tupfen. Die Nadeln abzupfen und fein hacken. Die Zwiebel und den Knoblauch schälen und in feine Würfel schneiden. 30 g Butter in einem Topf erhitzen. Zwiebel, Knoblauch und Rosmarin darin einige Minuten bei nicht zu starker Hitze andünsten, bis die Zwiebelwürfel glasig sind. Mit dem Wein ablöschen und diesen etwas verkochen lassen. Aprikosenkonfitüre und Zitronensaft hinzufügen und noch kurz köcheln lassen. Mit Salz und weißem Pfeffer würzen und vom Herd nehmen. Die übrige Butter in Würfel schneiden und unterschwenken, bis sie geschmolzen und die Sauce leicht gebunden ist.

Die Keule aus dem Ofen nehmen und kurz ruhen lassen.

Zum Anrichten den Teig aufbrechen, das Fleisch herausnehmen und in Scheiben schneiden. Auf einer Platte anrichten und sofort mit der Sauce servieren.

Dazu passen Rosmarinkartoffeln.

4 Portionen

Zubereitung: 30 Min.

Fertig in: 1 Std. 30 Min.

Schnelle Rehrouladen

in Weißwein-Sud

Zutaten

für die Rouladen mit Sauce

3 Zweige Salbei

4 Rehrouladen à ca. 125 g, aus der Keule (z. B. Oberschale) oder Schulter

Salz | Pfeffer

4 TL Aioli

4 Scheiben luftgetrockneter Schinken, z. B. Prosciutto crudo

4 Scheiben Provolone, ersatzweise Scamorza

1 Zwiebel

2 EL Olivenöl

1 EL Honig

200 ml trockener Weißwein

200 g bunte Kirschtomaten

100 g grüne Oliven ohne Stein

außerdem

1 Aufback-Focaccia à ca. 300 g, alternativ Ciabatta

80 g Rucola

Info: Provolone und Scamorza gehören wie Mozzarella zu den sogenannten „Filata"-Käsesorten. Bei der Herstellung wird der Käsebruch aus Kuhmilch mit heißem Wasser übergossen, zu langen Fäden gezogen und anschließend individuell geformt. Im Gegensatz zu Mozzarella kommen Provolone und Scamorza getrocknet und in verschiedenen Reifegraden von mild bis herzhaft auf den Markt. Scamorza wird zudem auch geräuchert angeboten.

Zubereitung

Salbei waschen und trocken tupfen, die Blätter abzupfen. Die Rouladen trocken tupfen, gegebenenfalls noch vorsichtig plattieren und rundherum mit Salz und Pfeffer würzen. Jeweils auf einer Seite mit 1 TL Aioli bestreichen, dann mit je zwei Salbeiblättern sowie je einer Scheibe Schinken und Provolone belegen. Die Rouladen fest zusammenrollen und mit Rouladennadeln fixieren.

Den Backofen auf 200 °C Ober-/Unterhitze vorheizen. Die Zwiebel schälen und in kleine Würfel schneiden. Olivenöl in einer Pfanne erhitzen und die Rouladen darin rundherum anbraten. Die Rouladen dann mit Zwiebelwürfeln und übrigen Salbeiblättern in einen Bräter legen. Honig in die Pfanne zum Bratensatz geben und leicht karamellisieren lassen. Mit dem Wein ablöschen und kurz köcheln lassen. Mit Salz und Pfeffer würzen. Die Mischung zu den Rouladen gießen. Zugedeckt auf der mittleren Schiene des Backofens 60 Minuten garen.

Kirschtomaten waschen und abtropfen lassen. Nach 45 Minuten zusammen mit den Oliven zu den Rouladen geben.

Focaccia in Streifen schneiden und 5 Minuten vor Ende der Garzeit mit in den Backofen geben.

Rucola waschen und trocken schleudern.

Den Bräter und das Brot aus dem Ofen nehmen. Die Rouladen aus dem Sud nehmen, Rouladennadeln entfernen. Salbeiblätter aus dem Sud nehmen. Den Sud gegebenenfalls mit Salz und Pfeffer abschmecken.

Rouladen durchschneiden und mit dem Sud auf vier Tellern platzieren. Rucola und Brot daneben anrichten und alles sofort servieren.

4 Portionen
Zubereitung: 30 Min.
Fertig in: 1 Std. 45 Min.

Ragu di Cervo

Rehragout

Zutaten

600 g Rehgulasch
1 Zwiebel
2 Knoblauchzehen
2 EL Butterschmalz
2 EL Speckwürfel
2 1/2 TL Zucker
200 ml trockener Rotwein
400 ml passierte Tomaten
200 ml Wildfond
2 Lorbeerblätter
1 Zimtstange
3 Gewürznelken
Salz
1 kleine rote Paprikaschote
1 Möhre
1 Stange Staudensellerie
Pfeffer
1–2 EL Aceto balsamico
etwas gehackte Petersilie
etwas geriebener Parmesan

Zubereitung

Das Gulaschfleisch noch etwas kleiner schneiden. Zwiebel und Knoblauch schälen und in Würfel schneiden.

1 EL Butterschmalz in einem Topf oder einer Schmorpfanne erhitzen. Gulasch und Speck darin anbraten, bis das Fleisch leicht gebräunt ist. Zwiebel- und Knoblauchwürfel dazugeben und mitbraten. Dann 2 TL Zucker einstreuen und leicht karamellisieren lassen. Mit Rotwein ablöschen, passierte Tomaten und Fond angießen. Die Gewürze hinzufügen, etwas salzen und mit schräg aufgelegtem Deckel bei schwacher Hitze eineinhalb Stunden köcheln lassen, dabei hin und wieder umrühren.

Die Paprika halbieren, Kerne und weiße Innenhäute entfernen. Die Paprikahälften waschen und in kleine Würfel schneiden. Die Möhre schälen, den Sellerie waschen und beides ebenfalls in Würfel schneiden. Übriges Butterschmalz in einer Pfanne erhitzen und das Gemüse darin andünsten, ohne es zu bräunen. 1/2 TL Zucker dazugeben und ganz leicht karamellisieren lassen, dann mit Salz und Pfeffer würzen.

Die Hälfte des Gemüses unter die Sauce rühren. Die Sauce mit Salz, Pfeffer und Balsamico abschmecken.

Bei Tisch mit Pasta servieren, z. B. Rigatoni oder Tagliatelle. Pro Person rechnet man ca. 100 g getrocknete Pasta. Restliche Gemüsewürfel auf dem Gericht verteilen, nach Belieben mit gehackter Petersilie und geriebenem Parmesan bestreuen.

Aromatische Würzbuttern

Nichts gegen Kräuter- oder Knoblauchbutter, aber Wildfleisch hat hin und wieder etwas mehr Kreativität verdient. Hier drei Butter-Varianten, die Kurzgebratenes oder Gegrilltes vom Wild extrafein veredeln.

Portwein-Schalotten-Butter

für 8 Portionen
150 g Schalotten, 1 Knoblauchzehe, 2 Zweige Rosmarin, 1 TL bunte Pfefferkörner, 2 EL Butter, 1 Prise Zucker, Salz, 150 ml roter Portwein, 200 g weiche Butter

Schalotten und Knoblauch schälen und in feine Würfel schneiden. Rosmarin waschen und trocken tupfen. Pfefferkörner im Mörser grob zerstoßen. 2 EL Butter in einem Topf erhitzen, Schalotten- und Knoblauchwürfel darin andünsten. Zucker dazugeben und kurz karamellisieren lassen. Einen Rosmarinzweig und den Pfeffer dazugeben und kurz mitdünsten. Salzen, dann mit Portwein ablöschen und einkochen lassen, bis die Flüssigkeit fast vollständig verkocht ist. Vom Herd nehmen und handwarm abkühlen lassen. Rosmarin entfernen. Rosmarinnadeln vom zweiten Zweig zupfen und fein hacken. Portwein-Schalotten und gehackten Rosmarin gründlich mit der weichen Butter mischen. Mit Salz und Pfeffer abschmecken.

Orangen-Pfeffer-Butter

für 8 Portionen
1 Schalotte, 1 Knoblauchzehe, 1 Bio-Orange, 1 EL Zitronensaft, 1 Sternanis, 2 EL Butter, Salz, 2 TL bunte Pfefferkörner, 200 g weiche Butter

Schalotte und Knoblauch schälen und in feine Würfel schneiden. Orange heiß waschen und trocken reiben. Die Schale fein abreiben und den Saft auspressen. Orangen- und Zitronensaft mit Schalotten- und Knoblauchwürfeln sowie Sternanis in einen Topf geben. Auf die Hälfte einkochen lassen, dann 2 EL Butter unterrühren, mit Salz würzen und handwarm abkühlen lassen. Pfefferkörner im Mörser grob zerstoßen. Sternanis aus dem Topf entfernen und den eingekochten Orangensaft gründlich mit der abgeriebenen Orangenschale, dem zerstoßenen Pfeffer und der weichen Butter mischen. Mit Salz abschmecken.

Chili-Limetten-Butter

für 8 Portionen
2 Bio-Limetten, 1 Chilischote (z. B. Peperoni), 200 g weiche Butter, 2 Knoblauchzehen, 1 TL Honig, Salz, Pfeffer

Limetten heiß waschen und trocken reiben. Die Schale fein abreiben und von einer Limette den Saft auspressen. Chilischote waschen und mit oder ohne Kerne fein würfeln. Butter in eine Schüssel geben, Knoblauch schälen und dazupressen. Limettenschale und -saft sowie Chiliwürfel und Honig dazugeben, mit Salz und Pfeffer würzen. Mit dem Handrührgerät so lange rühren, bis sich die Butter und die übrigen Zutaten gut vermischt haben.

In Rollen

Die Würzbuttern auf dieser Seite nach der Zubereitung auf ein Stück Frischhaltefolie verteilen, einrollen und die Enden so lange ineinander verdrehen, bis eine schöne Rolle entstanden ist. Zusätzlich in Alufolie einschlagen und mehrere Stunden oder über Nacht kühl stellen. Anschließend die Butter aus den Folien wickeln und in Scheiben schneiden. Dann einfach ein Scheibchen ruck, zuck auf dem Fleisch schmelzen lassen und ganz entspannt genießen.

4 Portionen
Zubereitung: 25 Min.

Rehsteaks

mit Gnocchi und Lillet-Butter

Zutaten

für das Fleisch

8 Rehsteaks à 80–100 g, z. B. aus der Keule
Salz | Pfeffer
1 Bund Thymian
1 EL Olivenöl

für die Lillet-Butter

8 getrocknete Tomaten in Öl
1 Knoblauchzehe
3 Zweige Thymian (s. o.)
1 EL Puderzucker
100 ml trockener Weißwein
100 ml Lillet Blanc oder anderer Weinaperitif
60 g eiskalte Butter, in Flöckchen
Salz | Pfeffer

für die Gnocchi

3 EL Olivenöl
600 g frische Gnocchi aus dem Kühlregal

Zubereitung

Für das Fleisch den Backofen auf 100 °C Ober-/Unterhitze vorheizen. Die Steaks trocken tupfen und mit Salz und Pfeffer würzen. Thymian waschen und trocken tupfen. Olivenöl in einer Grillpfanne erhitzen. Die Steaks darin in zwei Portionen mit dem Thymian (bis auf drei Zweige) anbraten, sodass die Steaks von beiden Seiten Grillstreifen erhalten. Anschließend in eine Auflaufform legen und in eines der Fleischstücke ein Fleischthermometer stechen. Im Backofen auf der mittleren Schiene bis zu einer Kerntemperatur von 58–60 °C (medium) garen. Die Fleischpfanne für die Lillet-Butter beiseitestellen.

Für die Lillet-Butter die Tomaten abtropfen lassen und in feine Würfel schneiden. Knoblauch schälen und ebenfalls in feine Würfel schneiden. Vom Thymian die Blätter abzupfen.

Für die Gnocchi Olivenöl in einer großen, beschichteten Pfanne erhitzen. Gnocchi hineingeben und mit geschlossenem Deckel 6 Minuten bei mittlerer Hitze braten, bis sie rundherum leicht gebräunt sind. Dabei hin und wieder schwenken.

Parallel für die Lillet-Butter Tomaten, Knoblauch und Thymian mit dem Puderzucker in der Fleischpfanne andünsten und leicht karamellisieren lassen. Mit Weißwein und Lillet ablöschen und etwas einkochen lassen. Dann vom Herd nehmen und die Butter in Flöckchen einschwenken, bis sie geschmolzen ist. Die Sauce mit Salz und Pfeffer abschmecken.

Das Fleisch aus dem Ofen nehmen und kurz ruhen lassen.

Zum Anrichten die Gnocchi jeweils auf einer Hälfte von vier Tellern verteilen. Auf die andere Hälfte einen Spiegel Sauce geben und die Steaks darauf anrichten. Sofort servieren.

ROT- & DAMWILD

4 Portionen

Zubereitung: 25 Min.

Fertig in: 1 Std.

Gegrillte Steakstreifen

mit Erbsen-Hummus und Petersiliensauce

Zutaten

für den Hummus

250 g grüne TK-Erbsen
1 TL Backpulver
2 Knoblauchzehen
4 Stängel Minze
60 ml Zitronensaft
50 g Tahin (Sesammus)
1/2 TL Honig
1/2 TL gemahlener Kreuzkümmel
Salz | Pfeffer
50 g Schmand
1 EL Olivenöl

für die Sauce

3 Stängel glatte Petersilie
2 EL Zitronensaft
3 EL Olivenöl
1 EL Honig
1/2 TL gemahlener Kreuzkümmel
Salz | Pfeffer

2 EL Mandeln mit Haut

für das Fleisch

1 Knoblauchzehe
4 flache Rot- oder Damwildsteaks
à 125–150 g, z. B. aus Rücken oder Hüfte
Salz | Pfeffer
2 TL Olivenöl

Zubereitung

Für den Hummus die Erbsen in einem Topf 2 cm hoch mit Wasser bedecken und zum Kochen bringen. Backpulver unterrühren – dadurch werden die Erbsen schön weich. Die Erbsen mit schräg aufgelegtem Deckel bei nicht zu starker Hitze 7 bis 8 Minuten weich köcheln lassen. Anschließend in ein Sieb abgießen, eiskalt abschrecken und abtropfen lassen.

Inzwischen für die Sauce die Petersilie waschen und trocken tupfen. Die Blätter abzupfen und fein hacken. Petersilie in einem Schälchen mit Zitronensaft, Olivenöl, Honig und Kreuzkümmel verrühren. Mit Salz und Pfeffer würzen und etwas ziehen lassen.

Für den Hummus den Knoblauch schälen und grob würfeln. Die Minze waschen und trocken tupfen, die Blätter abzupfen, kleine Blättchen für die Deko beiseitelegen. Die Erbsen mit Knoblauch und Minze in den Blitzhacker bzw. in einen hohen Mixbecher geben. Zitronensaft, Tahin, Honig und Kreuzkümmel hinzufügen. Salzen und pfeffern. Alles zu einem feinen Püree verarbeiten. Zuletzt kurz den Schmand und das Öl untermixen. Mit Salz und Pfeffer abschmecken.

Den Grill anheizen. Mandeln grob hacken und in einer Pfanne hellbraun anrösten. Sofort herausnehmen und zur Seite stellen.

Für das Fleisch den Knoblauch halbieren und mehrfach einritzen. Die Steaks trocken tupfen und mit dem Knoblauch einreiben, mit Salz und Pfeffer würzen. Mit etwas Olivenöl beträufeln und alles gut einmassieren. Die Steaks auf dem Grill von beiden Seiten kräftig angrillen. Anschließend in eine Zone mit niedriger Temperatur legen. In eines der Fleischstücke ein Fleischthermometer stechen. Bis zu einer Kerntemperatur von 58–60 °C (medium) garen, vom Grill nehmen und kurz ruhen lassen.

Zum Anrichten den Hummus als Spiegel auf vier Teller verteilen. Mit der Petersiliensauce beträufeln. Gegrillte Steaks in Streifen schneiden und darauf anrichten. Mit den Mandeln und Minzeblättern garnieren, etwas Pfeffer grob darüber mahlen. Dazu passt geröstetes Fladenbrot.

4 Portionen

Zubereitung: 30 Min.

Fertig in: 45 Min.

Hirschrückenscheiben

mit Blätterteigecken

Zutaten

für den Sirup

2 Mandarinen oder Clementinen

4 EL Condimento bianco

2 EL Zucker

für das Fleisch

2 Stücke Hirschrücken à ca. 400 g, ohne Knochen, küchenfertig

Salz | Pfeffer

1 Zweig Rosmarin

2 Knoblauchzehen

1 EL Öl

für die Blätterteigecken

150 g Hokkaidokürbis, entkernt

1 TL Öl

1 TL Condimento bianco

Salz | Pfeffer

1 Rolle frischer Blätterteig à 270 g, aus dem Kühlregal

1 Ei, Größe M

125 g Schmand

außerdem

100 g Pflücksalat, ersatzweise junge Mangoldblätter oder Babyspinat

4 EL getrocknete Cranberrys (soft)

Info: Condimento bianco ist ein milder italienischer Traubenmostessig mit heller Farbe.

Zubereitung

Den Backofen auf 200 °C Ober-/Unterhitze vorheizen.

Für den Sirup die Mandarinen halbieren und auspressen. Mit Essig und Zucker einige Minuten leicht sirupartig einkochen lassen, dann vom Herd nehmen.

Inzwischen für das Fleisch den Hirschrücken trocken tupfen und rundherum mit Salz und Pfeffer würzen. Zur Seite stellen.

Für die Blätterteigecken den Kürbis waschen, in dünne Streifen hobeln. Diese mit Öl und Essig mischen, mit Salz und Pfeffer würzen. Blätterteig entrollen, rundherum je 1/2 cm breite Teigstreifen abschneiden. Vorgang wiederholen. Übrigen Teig quer halbieren, die neu entstandenen Stücke jeweils diagonal durchschneiden. Die Teigdreiecke auf ein mit Backpapier ausgelegtes Blech legen. Auf die Ränder der Dreiecke die abgeschnittenen Teigstreifen auflegen und mit einer Gabel rundherum andrücken. Das Ei verquirlen und den Teig samt Rändern damit bestreichen. Restlichen Ei-Mix mit dem Schmand verrühren, mit Salz und Pfeffer würzen. Die Mischung auf die Dreiecke streichen, den Rand frei lassen. Kürbisstreifen darauf verteilen. Im heißen Ofen auf der mittleren Schiene 20 Minuten goldbraun backen.

Für das Fleisch den Rosmarin waschen und trocken tupfen. Knoblauch halbieren. Öl in einer Grillpfanne erhitzen. Die Hirschrückenstücke darin mit Knoblauch und Rosmarin rundherum anbraten, bis sie gut gebräunt sind. Dann in eine ofenfeste Form legen, in eines der Fleischstücke ein Fleischthermometer stechen und im Backofen auf der unteren Schiene bis 56 °C Kerntemperatur (medium) garen.

Den Salat waschen und trocken schleudern.

Das Fleisch bei Erreichen der Kerntemperatur sofort aus dem Backofen nehmen. In Alufolie gewickelt ruhen lassen.

Zum Anrichten die Blätterteigecken aus dem Ofen nehmen, auf vier Teller verteilen. Salat in einem Streifen anrichten, mit Mandarinensirup beträufeln. Fleisch auswickeln, in Scheiben schneiden, auf dem Salat anrichten. Grob etwas Pfeffer drüber mahlen, mit den Cranberrys bestreuen und servieren.

4 Portionen

Zubereitung: 25 Min.

Fertig in: 3 Std. 30 Min.

Geschmorte Rotwildkeule

mit Lebkuchensauce

Zutaten

1 Zwiebel
2 Knoblauchzehen
100 g Möhren
150 g Knollensellerie
1/2 Bund Thymian
1 Zweig Rosmarin
1 Rotwildkeule, 1–1,2 kg, ohne Knochen
Salz | Pfeffer
2 EL Butterschmalz
1 1/2 EL Puderzucker
1 1/2 EL Tomatenmark
1/2 l trockener Rotwein
3 Gewürznelken
800 ml Wild- oder Rinderfond
2 TL Lebkuchengewürz
1 EL Speisestärke
150 g Johannisbeerkonfitüre
50 g eiskalte Butter, in Flöckchen

Zubereitung

Das Gemüse schälen und klein schneiden. Die Kräuter waschen und trocken tupfen. Die Keule trocken tupfen und mit Salz und Pfeffer würzen. Butterschmalz im Bräter erhitzen. Die Keule darin rundherum anbraten, bis sie leicht gebräunt ist, und wieder herausnehmen.

Puderzucker und Tomatenmark im Bräter anrösten und leicht karamellisieren lassen. Mit der Hälfte des Rotweins ablöschen und diesen etwas einkochen lassen. Dann die zweite Hälfte zugießen und wieder einige Minuten einkochen lassen.

Gemüse, Kräuter und Nelken dazugeben, den Fond angießen, aufkochen und 5 Minuten einkochen lassen. Das Fleisch zurück in den Bräter geben und zugedeckt bei schwacher Hitze etwa 3 Stunden garen.

Den Backofen auf 80 °C Ober-/Unterhitze vorheizen. Das Fleisch aus dem Bräter nehmen und im Ofen warm halten. Die Sauce durch ein Sieb in einen Topf gießen, Lebkuchengewürz unterrühren und aufkochen. Speisestärke mit wenig Wasser verrühren und die Sauce damit binden. Johannisbeerkonfitüre unterrühren. Die Sauce vom Herd nehmen, mit Salz und Pfeffer abschmecken. Butter unterschwenken.

Zum Anrichten das Fleisch in Scheiben schneiden und mit der Sauce auf vier Tellern anrichten.

Dazu passen Knödel oder Püree, z. B. Kürbis-Kartoffel-Püree.

4 Portionen
Zubereitung: 30 Min.
Fertig in: 2 Std.

Pfeffriger Ossobuco
mit Zitronenthymian und Gremolata

Zutaten

für den Ossobuco
1 Bund Suppengemüse
1 Bund Zitronenthymian
2 TL Drei-Pfeffer-Mix
8 Haxenscheiben von Rot- oder Damwild à 100–150 g
Salz | Pfeffer
1–2 EL Weizenmehl
50 g Butterschmalz
1 EL Zucker
1 EL Tomatenmark
200 ml trockener Weißwein
200 ml Wildfond
2 Dosen stückige Tomaten à 400 g

für die Gremolata
2 Knoblauchzehen
3 EL glatte Petersilie, gehackt
1 EL Zitronenthymian (s. o.)
3 TL abgeriebene Bio-Zitronenschale

Zubereitung

Den Backofen auf 160 °C Ober-/Unterhitze vorheizen.

Für den Ossobuco das Suppengemüse waschen und putzen bzw. schälen und in kleine Stücke schneiden. Zitronenthymian waschen und trocken schütteln. Blätter abzupfen, 1 EL Blätter für die Gremolata beiseitestellen. Den Pfeffer-Mix grob zermörsern.

Haxenscheiben trocken tupfen. Salzen, pfeffern und mit Mehl bestäuben. Butterschmalz in einem Bräter zerlassen und das Fleisch darin von beiden Seiten bei starker Hitze anbraten, herausnehmen. Das Gemüse im heißen Bratfett rundherum anbraten. Zucker und Tomatenmark hinzufügen und etwas karamellisieren lassen. Mit Wein und Fond ablöschen und etwas einkochen lassen. Haxenscheiben, Tomaten und Zitronenthymian sowie die Hälfte des zermörserten Pfeffers dazugeben. Im Ofen auf der mittleren Schiene mit schräg aufgelegtem Deckel etwa anderthalb Stunden schmoren.

Für die Gremolata Knoblauch schälen, fein hacken und mit Petersilie, Zitronenthymian und Zitronenschale mischen.

Die Haxenscheiben aus dem Bräter nehmen. Die Hälfte der Gremolata unter das Schmorgemüse rühren und mit Salz und Pfeffer abschmecken.

Zum Anrichten das Fleisch mit Schmorgemüse auf vier Tellern verteilen. Mit restlichem Pfeffer-Mix und der übrigen Gremolata bestreuen.

Dazu passen Tagliatelle oder cremige Polenta (siehe Seite 115).

Panieren: So geht's

Das Fleisch, z. B. Schnitzel von Reh, Hirsch oder Wildschwein oder dünn geschnittene Fasanenbrust, nach Wunsch plattieren (d. h. mit einer Teigrolle ausstreichen) und würzen. Mit wenig Wasser einreiben, damit sich die Panierung beim Ausbacken gut löst. Vorbereitete Panierung auf einen Teller häufen. Mehl auf einen zweiten Teller häufen. Auf einem dritten Teller ein Ei verquirlen, nach Belieben eine geschälte Knoblauchzehe dazupressen. Das Fleisch zunächst in Mehl wenden, dann durch das Ei ziehen und zuletzt mit der Wunsch-Panierung überziehen.
1 cm hoch Butterschmalz in einer Pfanne erhitzen und die Schnitzel darin von beiden Seiten goldbraun ausbacken, dabei immer wieder etwas Fett über die Schnitzel schöpfen. Kurz auf Küchenpapier abtropfen lassen und servieren.

Knusprige Panierungen

Nicht umsonst gehören Schnitzel zu den beliebtesten Gerichten der hiesigen Küche. Denn was gibt es Schöneres, als ein dünnes, zartes Fleischstück in knuspriger Hülle zu genießen? Für Abwechslung im klassischen Semmelbrösel-Einerlei sorgen dabei diese drei leckeren Variationen von Panierungen, die Ihr Wildschnitzel zu etwas ganz Besonderem machen.

1. Brezel-Meerrettich

für 4 Schnitzel
80 g altbackene, getrocknete Brezel,
2 TL fein geriebener Meerrettich

Brezel zerkleinern. Zusammen mit dem geriebenen Meerrettich in den Blitzhacker geben. Alles fein zermahlen.

2. Steinpilz-Rosmarin

für 4 Schnitzel
10 g getrocknete Steinpilze,
5 g getrocknete Rosmarinnadeln,
50 g Panko

Steinpilze mit Rosmarinnadeln im Blitzhacker fein zermahlen, anschließend mit Panko mischen.

3. Cornflakes-Kokos

für 4 Schnitzel
50 g Cornflakes, 25 g Kokosraspeln

Cornflakes im Blitzhacker fein zermahlen, anschließend mit Kokosraspeln mischen.

4 Portionen

Zubereitung: 35 Min.

Piccata Milanese

mit Pastinakenpüree und konfierten Schalotten

Zutaten

für das Püree

600 g Pastinaken

150 g Kartoffeln, vorwiegend festkochend

Salz

100 ml Sahne

50 g Butter

abgeriebene Schale von 1 Bio-Zitrone

weißer Pfeffer

für das Fleisch

8 kleine Schnitzel von Rot- oder Damwild à 80–100 g, aus der Oberschale

Salz | weißer Pfeffer

4 Eier, Größe M

120 g fein geriebener Parmesan

1 Knoblauchzehe

100 g Weizenmehl, Type 405

Butterschmalz zum Ausbacken

für die Schalotten

16 kleine Schalotten

3 Wacholderbeeren

2 EL Öl

2 EL Zucker

80 ml Rotweinessig

Salz | weißer Pfeffer

3 EL Johannisbeerkonfitüre

Speisestärke, nach Belieben

Info: Piccata sind mit Schnitzeln vergleichbar. Während klassische nur in Mehl gewendete Piccata nach dem Braten mit einer Sauce aus Zitronen und Petersilie serviert werden, bestechen Piccata Milanese durch die feine Hülle aus Parmesanteig.

Zubereitung

Für das Püree Pastinaken und Kartoffeln schälen und klein schneiden. In einem Topf mit leicht gesalzenem Wasser 15 Minuten kochen.

Für die Piccata die Schnitzel trocken tupfen, leicht plattieren und mit Salz und weißem Pfeffer würzen. Eier in einem tiefen Teller mit dem Parmesan verquirlen. Knoblauch schälen und unterrühren. Mehl in einen zweiten tiefen Teller geben.

Für die konfierten Schalotten die Schalotten schälen. Die Wacholderbeeren andrücken. Öl in einem Topf erhitzen. Schalotten und Wacholderbeeren darin rundherum anbraten. Zucker und Essig dazugeben und alles zugedeckt bei nicht zu starker Hitze 5 Minuten köcheln lassen. Mit Salz und weißem Pfeffer würzen und die Konfitüre unterrühren. Gegebenenfalls mit etwas Speisestärke binden. Zugedeckt warm halten.

Für das Püree den Pastinaken-Kartoffel-Mix in ein Sieb abgießen, kurz abtropfen lassen, dann zurück in den Topf geben. Sahne und Butter zugeben und alles mit dem Kartoffelstampfer fein zerstampfen. Zitronenschale unterrühren. Mit Salz und weißem Pfeffer abschmecken, zugedeckt warm halten.

Für die Piccata 1 cm hoch Butterschmalz in einer Pfanne erhitzen. Die Schnitzel nacheinander im Mehl wenden, überschüssiges Mehl abklopfen. Dann durch die Ei-Parmesan-Masse ziehen. Portionsweise bei nicht zu starker Hitze im heißen Fett rundherum goldbraun ausbacken, dabei mindestens einmal wenden. Herausnehmen und auf Küchenpapier abtropfen lassen.

Zum Anrichten Püree, Piccata und Schalotten samt Sauce auf die Teller geben. Nach Belieben noch mit etwas Thymian garnieren und servieren.

4 Portionen

Zubereitung: 30 Min.

Fertig in: 1 Std. 15 Min.

Gegrillte Baharat-Steaks

auf buntem Couscoussalat

Zutaten

für den Salat

150 g Couscous
Salz
200 g Salatgurke
250 g bunte Kirschtomaten
1 kleine rote Zwiebel
50 g glatte Petersilie
1 Bund Minze
2 TL Honig
4 EL Zitronensaft
2 EL Olivenöl
Pfeffer
100 g Granatapfelkerne

für das Fleisch

4 große Damwild- oder Rotwildsteaks à 200–220 g, aus der Hüfte oder Keule
Salz | Pfeffer
2 TL Baharat (orientalische Gewürzmischung)
1/2 EL Olivenöl
100 g Butter
1 Knoblauchzehe
2 EL Zitronensaft
1/2 TL rosa Pfefferbeeren
2 EL gehackte Petersilie (s. o.)

Zubereitung

Für den Salat Couscous in einer Schüssel mit 200 ml kochendem, leicht gesalzenem Wasser übergießen und zugedeckt etwa 10 Minuten quellen lassen. Mit einer Gabel auflockern und abkühlen lassen.

Gurke schälen, längs halbieren, entkernen und fein würfeln. Tomaten waschen und halbieren. Zwiebel schälen und in feine Würfel schneiden. Petersilie und Minze waschen und trocken tupfen. Die Blätter abzupfen und die Petersilie fein hacken. Gurke, Tomaten, Zwiebel und Kräuter (bis auf 2 EL Petersilie) mit dem abgekühlten Couscous mischen.

Für das Dressing Honig, Zitronensaft und Olivenöl verrühren, mit Salz und Pfeffer würzen und unter den Salat mischen. Etwa 5 Minuten ziehen lassen. Mit Salz und Pfeffer abschmecken. Die Hälfte der Granatapfelkerne unterheben. Beiseitestellen.

Für das Fleisch den Grill anheizen. Die Steaks trocken tupfen, mit Salz, Pfeffer und 1/2 TL Baharat würzen und mit Olivenöl einreiben. Butter in einem Topf schmelzen. Knoblauch schälen und dazupressen. Restliches Baharat, Zitronensaft und zerstoßenen rosa Pfeffer unterrühren. Mit Salz und Pfeffer würzen.

Die Steaks auf dem heißen Grill von beiden Seiten grillen, bis sie gut gebräunt sind. Dann jeweils auf einen Streifen Alufolie legen, mit je 1 EL Baharat-Butter beträufeln und verschließen. In eines der Fleischstücke ein Fleischthermometer stechen. In einem weniger heißen Bereich des Grills bis zu einer Kerntemperatur von 58–60 °C (medium) garen. Dann vom Grill nehmen und kurz ruhen lassen.

Restliche Baharat-Butter mit der übrigen Petersilie verrühren.

Zum Anrichten Couscous auf vier Teller verteilen. Die Steaks auswickeln, einmal quer halbieren und auf dem Couscous anrichten. Restliche Baharat-Butter auf Fleisch und Couscous träufeln. Mit den übrigen Granatapfelkernen bestreuen.

Dazu passt geröstetes Fladenbrot.

Würzige Marinaden

Besonders zart und aromatisch werden kurzgebratene oder gegrillte Fleischstücke, wenn sie vor der Zubereitung ein paar Stunden oder über Nacht ein Bad in einer würzigen Marinade nehmen dürfen. Hier drei Lieblingsvarianten, die jeden Grillabend zu einem besonderen Genuss machen.

Ingwer-Joghurt-Marinade

für 4–6 Fleischstücke
125 g griechischer Joghurt (10 % Fett), 3 EL Olivenöl, 1 TL Honig , 1/3 TL Korianderpulver, 2 Knoblauchzehen, 1 walnussgroßes Stück Ingwer, 1 Bio-Zitrone, 5 Stängel Koriander, Salz, Pfeffer

Joghurt mit Olivenöl, Honig und Korianderpulver glatt rühren. Knoblauch und Ingwer schälen und dazureiben oder -pressen. Zitrone heiß waschen und trocken reiben. Schale fein abreiben und von einer Hälfte den Saft auspressen. Zitronenschale und -saft unterrühren. Koriander waschen, trocken tupfen und samt Stielen fein hacken. Unterrühren. Mit Salz und Pfeffer würzen.

Honig-Senf-Marinade

für 4–6 Fleischstücke
4 El Dijonsenf, 2 EL Honig, 1 TL Currypulver, 1/2 TL rosenscharfes Paprikapulver, 1/2 TL Salz, 1 Knoblauchzehe, 1 Bio-Zitrone, 5 Stängel Kerbel, Salz, Pfeffer

Dijonsenf, Honig, Currypulver, Paprikapulver und Salz verrühren. Knoblauch schälen und dazupressen. Zitrone heiß waschen und trocken reiben. Schale fein abreiben und ebenfalls unterrühren. Kerbel waschen, trocken tupfen und samt Stielen fein hacken. Unterrühren. Mit Salz und Pfeffer würzen.

Teriyaki-Marinade

für 4–6 Fleischstücke
100 ml Sojasauce, 100 ml Mirin (japanischer Reiswein), 100 ml Ananassaft, 70 g Zucker, 1 haselnussgroßes Stück Ingwer

Sojasauce, Mirin, Ananassaft und Zucker in einem Topf erhitzen. Ingwer schälen, fein reiben und dazugeben. Aufkochen und offen bei mittlerer Hitze etwa auf die Hälfte einkochen lassen – bis die Mischung leicht dickflüssig wird, wenn man 1/2 TL davon über eine Untertasse laufen lässt. Vom Herd nehmen und abkühlen lassen.

Marinieren: So geht's

Fleischstücke zum Kurzbraten oder Grillen in die Wunschmarinade einlegen und über Nacht zugedeckt kühl stellen. Am nächsten Tag rechtzeitig aus dem Kühlschrank nehmen und Zimmertemperatur annehmen lassen. Die Marinade abstreifen und das Fleisch entsprechend braten oder grillen. Dabei gegen Ende erneut ein- bis zweimal mit der Marinade bestreichen und noch kurz weitergaren.

4 Portionen

Zubereitung: 30 Min.

Fertig in: 50 Min.

Kräuterfilet

mit Ofenrösti und Rahmpilzen

Zutaten

für die Rösti

400 g Kartoffeln, festkochend
400 g Süßkartoffeln
1 Knoblauchzehe
2 EL flüssiges Butterschmalz
Salz | Pfeffer
frisch geriebene Muskatnuss

für die Rahmpilze

400 g gemischte Pilze, z. B. Austernpilze, Champignons und Kräuterseitlinge
1 Zwiebel
2 EL Öl
50 g Speckwürfel
1 TL Zucker
100 ml trockener Weißwein
150 ml Sahne
Salz | Pfeffer

für das Fleisch

je 1 Bund glatte Petersilie, Estragon und Dill
4 Stücke Rotwild- oder Damwildfilet à ca. 150 g
Salz | Pfeffer
1 EL Butterschmalz

Zubereitung

Für die Rösti den Backofen auf 200 °C Ober-/Unterhitze vorheizen. Kartoffeln und Süßkartoffeln schälen und fein raspeln. Mit den Händen etwas Flüssigkeit herausdrücken. Dann die Raspel in eine Schüssel geben. Knoblauch schälen und dazupressen. Butterschmalz und 2/3 TL Salz dazugeben und verrühren. Mit Pfeffer und Muskatnuss würzen. Die Masse in 12 Häufchen auf ein mit Backpapier ausgelegtes Blech geben, etwas flach drücken. Im heißen Backofen auf der mittleren Schiene 35 Minuten backen.

Für die Rahmpilze die Pilze putzen und in mundgerechte Stücke schneiden. Zwiebel schälen und fein würfeln. Öl in einem Topf erhitzen, Speck und Zwiebelwürfel darin anbraten. Pilze hinzufügen und alles weiterbraten, bis die Pilze knapp gar sind. Zucker dazugeben und leicht karamellisieren lassen. Mit Weißwein ablöschen und diesen etwas verkochen lassen. Dann Sahne hinzufügen und noch etwas weiter köcheln lassen. Mit Salz und Pfeffer abschmecken. Zugedeckt warm halten.

Für das Fleisch die Kräuter waschen und trocken tupfen. Die Blätter bzw. Spitzen abzupfen, fein hacken und auf einen Teller geben. Das Fleisch trocken tupfen und mit Salz und Pfeffer würzen. Eine Pfanne auf niedrigster Stufe erwärmen. Eine zweite Pfanne mit dem Butterschmalz erhitzen. Die Fleischstücke darin rundherum anbraten, bis sie leicht gebräunt sind. Anschließend in Alufolie wickeln und in die warme Pfanne legen. In eines der Fleischstücke ein Fleischthermometer stechen. In der Pfanne auf 58 °C (medium) gar ziehen lassen. Dann das Fleisch aus der Pfanne nehmen und kurz ruhen lassen.

Zum Anrichten die fertigen Rösti aus dem Ofen nehmen und mit den Rahmpilzen auf vier Teller verteilen. Das Fleisch auswickeln. In den Kräutern wenden, dann in dicke Scheiben schneiden und auf den Pilzen anrichten. Sofort servieren.

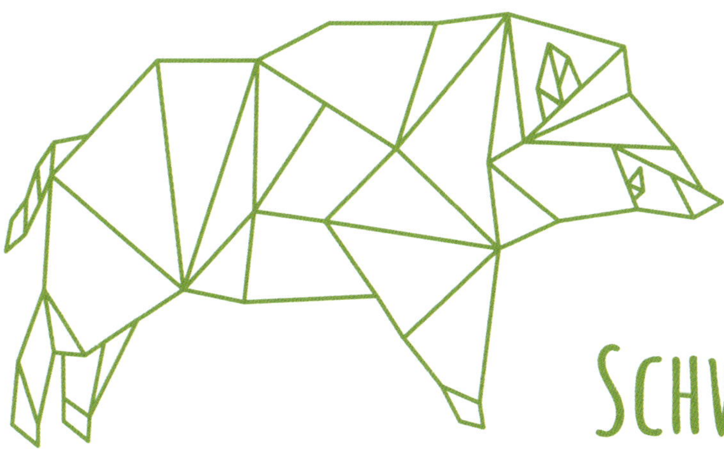

Schwarzwild

4 Portionen

Zubereitung: 30 Min.

Fertig in: 7 Std. 30 Min.

Banh-Mi-Baguette

mit Pulled Boar

Zutaten

für das Pulled Boar
(gezupftes Wildschwein)

1 EL Wildgewürz, gemahlen
1 TL Ingwerpulver
1 EL Zucker
1 TL Salz
1 Stück Wildschweinnacken à ca. 1 kg, ersatzweise Schulter, ohne Knochen
200 ml Apfelsaft
3 EL Hoisinsauce (süßlich schmeckende chinesische Würzsauce)
1 EL Sriracha-Sauce (Chilisauce)

außerdem

80 g Möhren
80 g Rettich
1 1/2 EL Reisessig
Salz
1/2 Salatgurke
1/2 Bund Koriandergrün
1/2 Bund Minze
2 Jalapeño-Schoten
125 g Salat-Mayonnaise
2 EL Sriracha-Sauce (Chilisauce)
4 Baguettebrötchen

Info: Ein Banh-Mi-Baguette ist ein immer beliebter werdendes vietnamesisches Sandwich. Dafür wird ein knuspriges Baguette mit verschiedenen Zutaten wie mariniertem Fleisch, Gemüse, Kräutern und würzigen Saucen gefüllt. Ein echter Genuss!

Zubereitung

Für das Pulled Boar (gezupftes Wildschwein) den Backofen auf 130 °C Ober-/Unterhitze vorheizen. Wildgewürz, Ingwerpulver, Zucker und 1 knappen TL Salz mischen. Das Wildschweinfleisch trocken tupfen, mit der Gewürzmischung einreiben und in eine Auflaufform legen. Apfelsaft angießen. Ein Fleischthermometer in das Fleisch stechen. Einen Deckel auflegen. Im Backofen auf der mittleren Schiene etwa 2 Stunden bis zu einer Kerntemperatur von 70 °C garen.

Danach den Deckel entfernen. 2 EL Hoisinsauce in den Apfelfond rühren. Weitergaren, bis eine Kerntemperatur von 90 °C erreicht ist, das dauert etwa 4 Stunden. Dabei das Fleisch hin und wieder mit dem Sud beträufeln. Dann das Fleisch aus dem Ofen nehmen. Aus dem Sud heben und auf einem Teller 1 Stunde abkühlen lassen.

Dann den Sud mit restlicher Hoisinsauce sowie 1 EL Sriracha-Sauce verrühren. Das abgekühlte Fleisch mit zwei Gabeln klein zupfen und mit dem Würzsud mischen. Gegebenenfalls noch mit etwas Salz abschmecken.

Für die Baguettes Möhren und Rettich schälen und in feine Streifen (Juliennes) schneiden. Mit Essig und etwas Salz mischen und beiseitestellen. Die Gurke waschen, längs vierteln und in dünne Scheiben schneiden. Kräuter waschen und trocken tupfen, die Blätter abzupfen. Jalapeño-Schoten waschen und längs in Scheiben schneiden, dabei entkernen.

Mayonnaise mit 2 EL Sriracha-Sauce mischen. Die Baguettes waagerecht aufschneiden, aufklappen und die Schnittflächen mit der Sriracha-Mayo bestreichen. Den Backofengrill einschalten. Die Baguettes mit den Schnittflächen nach oben auf den Rost legen und überbacken, bis sie knusprig und leicht gebräunt sind, dann herausnehmen.

Zum Anrichten die Hälfte der Kräuter, marinierte Möhren- und Rettichstreifen sowie Pulled Boar auf den Baguettes verteilen. Dann mit Gurkenstiften, Jalapeños sowie restlichen Kräutern toppen. Die Brothälften etwas zusammendrücken und die Banh-Mi-Baguettes sofort servieren.

4 Portionen

Zubereitung: 30 Min.

Fertig in: 45 Min.

Wildschweinsteak-Wraps

Zutaten

50 g Parmesan am Stück
8 Blätter Eisbergsalat
1 säuerlicher Apfel, z. B. Elstar
1 Glas Grillpaprika, 300–350 g
4 Wildschweinsteaks à ca. 150 g, aus Rücken oder Keule
Salz | bunter Pfeffer
8 Baconscheiben
2 TL Honig
Cayennepfeffer
1 EL Öl
4 große Wrap-Tortillas (im Bild Roggen-Wraps)
8 EL Aioli

Zubereitung

Den Backofen auf 120 °C Ober-/Unterhitze vorheizen. Parmesan mit einem Sparschäler in Streifen abziehen und diese mit den Händen grob zerbröckeln. Salat waschen und trocken schleudern, die Blätter etwas klein zupfen. Apfel waschen und halbieren, das Kerngehäuse entfernen. Die Hälften in schmale Spalten schneiden. Paprika abtropfen lassen, gegebenenfalls in schmalere Streifen schneiden.

Die Steaks trocken tupfen. Mit Salz und Pfeffer würzen, leicht einmassieren. Eine beschichtete Pfanne erhitzen. Die Baconscheiben darin ohne zusätzliches Fett knusprig auslassen. Honig dazugeben und den Bacon rundherum damit glasieren. Dann mit Cayennepfeffer würzen. Glasierte Baconscheiben auf einem mit Backpapier ausgelegten Rost im Ofen 10 Minuten backen. Die Pfanne säubern.

Öl in der Pfanne erhitzen. Die Steaks darin von beiden Seiten anbraten. Das Fleischthermometer in eines der Steaks stechen und bei schwacher Hitze weiterbraten, bis eine Kerntemperatur von 63 °C erreicht ist. Dann die Steaks sofort aus der Pfanne nehmen, in Alufolie wickeln und 5 Minuten ruhen lassen. Bacon aus dem Ofen nehmen.

Die Pfanne erneut säubern und dann auf niedriger Stufe wieder erwärmen. Die Wrap-Tortillas nacheinander darin erwärmen, sodass sie gut formbar sind. Herausnehmen und auf einen Teller legen. Jeweils in der Mitte mit einem Streifen Aioli bestreichen und nacheinander mit Salatblättern, Apfelspalten, Bacon und Grillpaprika belegen. Steaks auswickeln und in Scheibchen schneiden, mit etwas Salz würzen. Steakstreifen auf die Wraps legen. Mit Parmesan bestreuen.

Die Tortilla von unten über die schmale Seite der Füllung klappen, dabei eine Längsseite nach innen klappen. Dann über der Füllung fest zu einem Wrap zusammenrollen. Sofort genießen.

4 Portionen

Zubereitung: 35 Min.

Fertig in: 2 Std.

Gulasch aus der Wildschweinkeule

mit Portwein, Sternanis und würzigen Kartoffeln

Zutaten

für das Gulasch

800 g Zwiebeln
10 schwarze Pfefferkörner
4 Pimentkörner
4 Wacholderbeeren
3 EL Butterschmalz
800 g Wildschweingulasch aus der Keule
Salz | Pfeffer aus der Mühle
4 Sternanis
4 TL Zucker
4 EL Tomatenmark
200 ml roter Portwein
1,2 l Waldpilz- oder Wildfond
200 g Suppengemüse
4 Bio-Orangen
100 ml Sahne

für die Kartoffeln

1 kg kleine Kartoffeln (Drillinge), festkochend
1 TL gemahlener Koriander
1 TL gemahlener Kreuzkümmel
4 EL Olivenöl
Salz
2 EL gehackter Rosmarin
Pfeffer

Zubereitung

Für das Gulasch die Zwiebeln schälen und portionsweise im Blitzhacker recht fein hacken oder mit einem Messer von Hand fein würfeln. Pfeffer, Piment und Wacholderbeeren im Mörser grob zerstoßen. In einem Bräter 2 EL Butterschmalz erhitzen. Das Fleisch darin rundherum anbraten, mit Salz und Pfeffer würzen. Zwiebeln, zermörserte Gewürze und Sternanis dazugeben und mit anbraten. Zucker und Tomatenmark hinzufügen und etwas karamellisieren lassen. Mit dem Portwein ablöschen, etwas einkochen lassen. Dann Fond angießen und alles erneut zum Kochen bringen. Zugedeckt bei schwacher Hitze 1,5 Stunden köcheln lassen.

Für die Kartoffeln nach 1 Stunde den Backofen auf 220° C Ober-/Unterhitze vorheizen. Die Kartoffeln waschen und trocken tupfen. Koriander, Kreuzkümmel und 3 EL Olivenöl mischen. Die Kartoffeln in der Marinade wenden und anschließend auf ein mit Backpapier ausgelegtes Blech geben. Mit Salz würzen. Die Kartoffeln im Ofen auf der mittleren Schiene 25 Minuten backen.

Für das Gulasch das Suppengemüse putzen und waschen bzw. schälen und in kleine Würfel schneiden. 2 Orangen heiß waschen, mit einem Küchentuch abtrocknen und die Schale abreiben. Dann ebenso wie die verbleibenden 2 Orangen großzügig schälen und dabei die gesamte weiße Innenhaut entfernen. In Scheiben schneiden, Kerne entfernen.

Restliches Butterschmalz in einer großen Pfanne erhitzen und das Gemüse darin weich dünsten. Mit Salz würzen. Mit Sahne und Orangenschale zusammen zum Gulasch geben und dieses noch kurz köcheln lassen. Orangenscheiben zufügen und noch einige Minuten ziehen lassen. Das Gulasch mit Salz und Pfeffer abschmecken.

Für die Kartoffeln übriges Olivenöl in der Pfanne erhitzen. Die Kartoffeln darin mit dem Rosmarin kurz schwenken. Mit Salz und Pfeffer würzen.

Gulasch und Kartoffeln in tiefen Tellern anrichten und servieren.

Kreative Beilagen

Klöße und Salzkartoffeln sind echte „Platzhirsche" in der Beilagenküche. Zu einem edlen Stück Wildfleisch passen aber auch diese „Frischlinge" perfekt. Ihre Gäste werden garantiert Augen machen, wenn Sie sie mit roten Spätzle überraschen oder bei Tisch das Waffeleisen auspacken.

Smashed Potatoes

für 4 Portionen
8 vorwiegend festkochende Kartoffeln à 60–75 g, 100 g Kräuterbutter, 1 Knoblauchzehe, 80 g geriebener Parmesan, 1 TL edelsüßes Paprikapulver, Salz, Pfeffer, 2 EL Olivenöl

Kartoffeln in einem Topf mit leicht gesalzenem Wasser bedeckt zum Kochen bringen und zugedeckt bei schwacher Hitze etwa 25 Minuten garen. Kräuterbutter in einem Topf schmelzen. Knoblauch schälen und dazupressen. Parmesan unterrühren. Paprikapulver hinzufügen und alles mit Salz und Pfeffer würzen. Den Backofen auf 200 °C Ober-/Unterhitze vorheizen. Ein Blech mit Backpapier auslegen und dann mit Olivenöl beträufeln. Die Kartoffeln abgießen, kurz ausdampfen lassen und auf das Blech legen. Jede Kartoffel mit einer Untertasse flach drücken. Dann mit der Parmesanbutter beträufeln und im heißen Backofen auf der mittleren Schiene 15–20 Minuten goldbraun backen.

Rote-Bete-Spätzle

für 4 Portionen
1 Rote Bete (300–350 g), 2 Eier (Größe M), 400 g Mehl, 125 ml Milch, Salz, Muskatnuss, 2–3 EL Butter

Rote Bete in einem Topf knapp mit Wasser bedeckt zum Kochen bringen und bei schwacher Hitze zugedeckt etwa 1 Stunde garen. Dann herausnehmen und abkühlen lassen. Anschließend schälen und klein schneiden. Rote Bete im Blitzhacker bzw. in einem hohen Mixbecher mit den Eiern fein pürieren. Mehl in eine Schüssel häufen und mit Milch und dem Rote-Bete-Eier-Mix glatt rühren. Mit Salz und Muskatnuss würzen und mit dem Schneebesen schlagen, bis der Teig leichte Blasen wirft.

In einem Topf reichlich Salzwasser erhitzen. Den Teig portionsweise durch eine Kartoffelpresse in das heiße Wasser drücken und jeweils einige Minuten köcheln lassen, bis die Spätzle an der Oberfläche schwimmen. Mit einem Schaumlöffel herausheben, in einem Sieb kalt abschrecken und abtropfen lassen. Vor dem Servieren Butter in einer Pfanne erhitzen und die Spätzle darin schwenken, bis sie warm und mit Butter überzogen sind.

Zucchini-Kartoffel-Waffeln

für 4 Portionen bzw. 8 Waffeln
400 g Zucchini, Salz, 1 Schalotte, 2 Knoblauchzehen, 100 g Gruyère oder Appenzeller, 200 g kalte Pellkartoffeln, 3 Eier (Größe M), 70 g Panko, 3 EL Weizenmehl (Type 405)

Zucchini waschen und raspeln. Mit etwas Salz mischen und 10 Minuten ruhen lassen. Inzwischen Schalotte und Knoblauch schälen und fein würfeln. Gruyère entrinden und fein reiben. Pellkartoffeln schälen und mit einer Gabel zerdrücken. Zucchiniraspel kräftig ausdrücken und die austretende Flüssigkeit weggießen. Zucchiniraspel, Kartoffeln, Schalotten- und Knoblauchwürfel, Eier, Käse, Panko, Mehl und 1/2 TL Salz zu einem Teig verrühren und 10 Minuten quellen lassen. Dann ein Belgisches Waffeleisen erhitzen. Die beiden Backflächen mit Olivenöl einpinseln. Den Teig in 4 gleich große Portionen teilen. 1 Portion auf beide Backflächen verteilen und bei nicht zu starker Hitze zu gut gebräunten Waffeln backen. Die übrigen Waffeln genauso backen.

4 Portionen
Zubereitung: 30 Min.
Fertig in: 3 Std. + Ruhezeit über Nacht

BBQ-Style-Rollbraten

mit Rum-BBQ-Sauce und Spicy Potato-Slices

Zutaten

für das Fleisch

1 Wildschweinrollbraten, ca. 1 kg, Nacken, Schulter oder Keule, ohne Knochen
3 TL BBQ-Rub oder Magic Dust
200 ml Birnensaft

für die Sauce

2 EL Tomatenmark
2 EL Sojasauce
3 EL Aceto balsamico
1 TL schwarze Pfefferkörner
1 Prise geräucherte Chiliflocken (Chipotle)
2 Knoblauchzehen
1 Zwiebel
60 g Rohrohrzucker
100 ml brauner Rum, 40 % vol.
Rauchsalz, ersatzweise Salz und 1 TL Liquid Smoke
1 EL Olivenöl

für die Spicy Potato-Slices

1 kg Kartoffeln, vorwiegend festkochend
1 EL Kartoffelstärke
1 EL Paprikapulver, edelsüß
1 TL Cayennepfeffer
1 EL Knoblauchpulver
1 EL getrockneter Oregano
4 EL Olivenöl

Zubereitung

Am Vortag den Braten vorbereiten: Das Fleisch rundherum mit dem BBQ-Rub einreiben und über Nacht zugedeckt kühl stellen.

Für das Fleisch am nächsten Tag den Backofen auf 150° C Ober-/Unterhitze vorheizen. Den Braten in einen Bräter legen und auf der mittleren Schiene 45 Minuten garen. Danach die Temperatur auf 190° C erhöhen. Birnensaft angießen, die Form verschließen und den Braten weitere 50 Minuten garen.

Für die Sauce in einem Schälchen Tomatenmark, Sojasauce und Balsamico verrühren. Pfefferkörner im Mörser grob zermahlen und mit den Chiliflocken unterrühren. Den Knoblauch schälen und dazupressen.

Zwiebel schälen und in feine Würfel schneiden. Mit dem Zucker in einem Topf erhitzen und karamellisieren lassen. Mit dem Rum ablöschen. 50 ml Wasser und 1 TL Rauchsalz dazugeben, aufkochen und 4 Minuten bei mittlerer Hitze köcheln lassen.

Die Rum-Zwiebel-Mischung fein pürieren. Die Tomaten-Mischung dazugeben, erneut aufkochen und noch 2 Minuten köcheln lassen. Die Sauce mit Rauchsalz abschmecken.

Für die Spicy Potato-Slices die Kartoffeln gründlich waschen und trocken tupfen, dann in Scheiben schneiden. In einer Schüssel Stärke, Gewürze und Oregano mischen und die Kartoffelscheiben darin wenden. Olivenöl dazugeben und alles gut mischen. Auf einem mit Backpapier ausgelegten Backblech verteilen.

Die Backofentemperatur auf 220° C erhöhen. Den Braten aus dem Ofen nehmen, in Alufolie wickeln und in ein Tuch einschlagen. Das Blech mit den Kartoffelscheiben in den Ofen schieben und diese etwa 30 Minuten backen, bis sie leicht gebräunt sind, dabei einmal wenden.

100 ml Sauce abnehmen und mit 1 EL Olivenöl verrühren. Den Braten auswickeln, damit bestreichen und in einer Auflaufform 8 Minuten im Ofen mitbacken, dabei noch ein- bis zweimal bestreichen.

Den ausgetretenen Bratensaft zur restlichen Sauce gießen, diese erneut einige Minuten dicklich einkochen.

Zum Anrichten den Braten aus dem Ofen nehmen, in Scheiben schneiden und mit Kartoffeln und Sauce servieren.

4 Portionen

Zubereitung: 45 Min.

Fertig in: 1 Std. 15 Min.

Wildschweinnacken

mit Wacholderkruste, Pale-Ale-Sauce und Bohnen

Zutaten

für Fleisch und Sauce

1 Stück Wildschweinnacken à ca. 800 g, ohne Knochen
Salz
1 Bund Thymian
1 EL Wacholderbeeren
1 TL Koriander, ganz
1 TL schwarze Pfefferkörner
2 EL Öl
1 Flasche Pale Ale oder Indian Pale Ale à 330 ml
2 Zwiebeln
2 Lorbeerblätter
2 EL Zucker
1 TL Tomatenmark
200 ml Wildfond
etwas Speisestärke
Pfeffer aus der Mühle

für die Bohnen

800 g TK-Prinzessbohnen
Salz
50 g Knoblauchbutter
Pfeffer aus der Mühle

Zubereitung

Für das Fleisch den Backofen auf 180° C Ober-/Unterhitze vorheizen. Das Fleisch trocken tupfen, längs halbieren und rundherum mit Salz würzen. Thymian waschen und gründlich trocken tupfen. Von der Hälfte der Zweige die Blättchen abzupfen und im Mörser mit Wacholderbeeren, Koriander und Pfefferkörnern fein zermörsern. Die Gewürzmischung auf einem Teller verteilen. 1 EL Öl in einer Pfanne erhitzen, die Nackenstücke darin rundherum anbraten, bis sie gebräunt sind. Dann in der Gewürzmischung wenden und in eine passende ofenfeste Form legen. 100 ml Bier und 1 EL Öl dazugeben und zugedeckt im Ofen 15 Minuten garen.

In der Zwischenzeit die anderen Zutaten vorbereiten. Zwiebeln schälen und in Streifen schneiden. Die Pfanne zurück auf den Herd stellen und die Zwiebelstreifen mit den Lorbeerblättern im Bratfett anbraten, bis sie leicht gebräunt sind. Zucker und Tomatenmark dazugeben und leicht karamellisieren lassen. Mit dem restlichen Bier ablöschen. Verbleibende Thymianzweige hinzufügen, Fond angießen. 10 Minuten bei nicht zu starker Hitze einköcheln lassen.

Für die Bohnen diese inzwischen in einem Topf mit Salzwasser bedeckt zum Kochen bringen und zugedeckt bei nicht zu starker Hitze 10 Minuten garen.

Die eingekochte Sauce mit etwas Speisestärke binden. Dafür zunächst den Thymian entfernen. Stärke mit wenig Wasser verrühren, in die Sauce träufeln und einrühren. Kurz köchelnd etwas andicken lassen. Mit Salz und Pfeffer abschmecken.

Das Fleisch aus dem Ofen nehmen und kurz ruhen lassen.

Die Bohnen in ein Sieb abgießen und abtropfen lassen. Knoblauchbutter in einer Pfanne erhitzen und die Bohnen kurz darin schwenken. Mit Salz und Pfeffer würzen.

Zum Anrichten das Fleisch in dicke Scheiben schneiden. Jeweils einen Saucenspiegel auf 4 Teller geben, die Bohnen darauf anrichten und die Fleischscheiben anlegen. Nach Belieben mit Chiliflocken bestreuen und servieren.

4 Portionen

Zubereitung: 30 Min.

Fertig in: 2 Std.

Offenes Wildschwein-Cordon-bleu

mit Kartoffelsalat

Zutaten

für den Salat

1,4 kg Kartoffeln, vorwiegend festkochend

Salz

2 Zwiebeln

4 EL Rapsöl

400 ml Gemüsebrühe

4 EL Rotweinessig

4 EL mittelscharfer Senf

2 TL Zucker

Pfeffer

120 g Feldsalat

1/2 Bund Schnittlauch

2 EL Salatkernmix

für das Fleisch

8 kleine Wildschweinschnitzel à ca. 75 g, aus der Oberschale

Salz | Pfeffer

1/2 TL edelsüßes Paprikapulver

4 EL Weizenmehl, Type 405

2 Eier, Größe M

100 g Paniermehl

Butterschmalz zum Ausbacken

4 Scheiben Raclettekäse

8 dünne Scheiben Kochschinken

Zubereitung

Für den Salat die Kartoffeln waschen und ungeschält knapp mit Salzwasser bedeckt zum Kochen bringen. Dann mit schräg aufgelegtem Deckel bei schwacher Hitze 20–25 Minuten gar köcheln. Abgießen und ausdampfen lassen. Noch warm pellen. In dünne Scheiben schneiden oder hobeln.

Zwiebeln schälen und in feine Würfel schneiden. 2 EL Öl in einem Topf erhitzen und die Zwiebeln darin bei schwacher Hitze andünsten. Brühe dazugeben und aufkochen. Dann vom Herd nehmen und Essig, Senf und Zucker einrühren. Mit Salz und Pfeffer würzen. Die Kartoffeln mit der heißen Brühe mischen. Zugedeckt mindestens 1 Stunde ziehen lassen.

Für das Fleisch den Backofen auf 120° C Ober-/Unterhitze vorheizen. Die Schnitzel trocken tupfen, vorsichtig plattieren und mit Salz, Pfeffer und Paprikapulver würzen. Mehl in einen tiefen Teller geben. Eier in einem zweiten Teller verquirlen. Paniermehl in einen dritten Teller geben. Das Fleisch mit wenig Wasser einreiben, damit sich die Panade beim Ausbacken gut löst. Anschließend zunächst im Mehl wenden, dann durch das Ei ziehen und zuletzt mit dem Paniermehl überziehen. 1 cm hoch Butterschmalz in einer Pfanne erhitzen und die Schnitzel darin portionsweise von beiden Seiten goldbraun ausbacken. Dabei immer wieder etwas Fett über die Schnitzel schöpfen. Kurz auf Küchenpapier entfetten. Die übrigen Schnitzel genauso braten.

Die Käsescheiben halbieren. Die Schnitzel mit Schinken und Käse belegen. Im Ofen auf einem mit Backpapier ausgelegten Rost auf der mittleren Schiene einige Minuten überbacken, bis der Käse geschmolzen ist.

Inzwischen für den Salat den Feldsalat waschen und trocken schleudern. Schnittlauch waschen, trocken tupfen und in feine Röllchen schneiden. Salatkernmix in einer Pfanne ohne Fett anrösten, bis die Kerne leicht gebräunt sind. Sofort herausnehmen. Restliches Öl und die Hälfte des Schnittlauchs unter den Salat rühren. Erneut abschmecken.

Zum Anrichten den Kartoffelsalat mit dem Feldsalat auf 4 Teller verteilen. Mit Salatkernen und Schnittlauch bestreuen. Die offenen Cordon bleus aus dem Ofen nehmen, daneben anrichten und alles servieren.

So gelingt die Kruste

Einfach die Masse auf die angebratenen Fleischstücke streichen und diese im vorgeheizten Ofen (220 °C Ober-/Unterhitze) auf einem mit Backpapier ausgelegten Rost überbacken, bis die Kruste leicht gebräunt ist. Ein Fleischthermometer hilft dabei, den perfekten Garpunkt für das Fleisch zu ermitteln.

Köstliche Krusten

Filets, Medaillons, aber auch andere Fleischstücke bekommen noch einmal einen Aroma-Kick, wenn sie nach dem Anbraten von einer würzigen Kruste getoppt werden und dann darunter im Ofen fertig garen.

1. Frankfurter-Kräuter-Kruste

für 4 Fleischstücke
1 Bund Frankfurter Kräuter für „Grüne Sauce"
50 g geschmolzene Butter
40 g Semmelbrösel
Schale von 1 Bio-Zitrone
2 TL körniger Senf
1/2 TL Zucker
Salz | Pfeffer
1 Ei, Größe M

Die Kräuter waschen und trocken tupfen, Schnittlauch in feine Röllchen schneiden. Von den übrigen Kräutern die Blätter abzupfen und fein hacken. Die Kräuter mit Butter, Semmelbröseln, Zitronenschale, Senf und Zucker verrühren und mit Salz und Pfeffer würzen. Ei trennen und das Eigelb unter die Masse mischen. Das Eiklar mit etwas Salz zu steifem Schnee schlagen und unterheben.

2. Salbei-Speck-Kruste

für 4 Fleischstücke
1 Schalotte
1 Knoblauchzehe
2 Zweige Salbei
1 EL Butter
50 g Speckwürfel
1/2 TL Honig
20 g Panko
50 g weiche Butter
Salz | Pfeffer

Schalotte und Knoblauch schälen und in feine Würfel schneiden. Salbei waschen und trocken tupfen, die Blätter abzupfen und grob hacken. Butter in einer Pfanne erhitzen, Speckwürfel mit Schalotten und Knoblauch darin andünsten. Honig dazugeben und leicht karamellisieren lassen. Salbei untermischen und kurz weiterdünsten. Vom Herd nehmen und mit Panko und der weichen Butter mischen. Mit Salz und Pfeffer abschmecken.

3. Gremolatakruste mit Pinienkernen

für 4 Fleischstücke
2 EL Pinienkerne
2 Stängel glatte Petersilie
40 g Semmelbrösel
4 EL Olivenöl
40 g geschmolzene Butter
Schale von 1 Bio-Zitrone
2 Prisen Zucker
2 Knoblauchzehen
Salz | Pfeffer
1 Ei, Größe M

Pinienkerne in einer Pfanne ohne Fett hellbraun anrösten und sofort herausnehmen. Petersilie waschen und trocken tupfen, die Blätter abzupfen und fein hacken. Pinienkerne und Petersilie mit Semmelbröseln, Olivenöl, Butter, Zitronenschale und Zucker verrühren. Knoblauch schälen und dazupressen. Mit Salz und Pfeffer würzen. Zuletzt das Ei unterrühren.

4 Portionen

Zubereitung: 40 Min.

Fertig in: 1 Std. 15 Min.

Wildschweinrücken

mit Senf-Schalotten-Kruste und Rosenkohl

Zutaten

für den Rosenkohl

800 g Rosenkohl
1 Schalotte
1 EL Öl
50 g Speckwürfel
2 TL Honig
Salz | Pfeffer

für Fleisch und Kruste

1 Schalotte
2 EL Öl
Salz | Pfeffer
4 Stücke Wildschweinfilet à 200–250 g
1 Bund glatte Petersilie
2 Eier, Größe M
6 EL Semmelbrösel
4 EL körniger Senf

für die Reduktion

1 Schalotte
1 Knoblauchzehe
200 ml frisch gepresster Orangensaft
200 ml Aceto balsamico
2 EL Honig
Salz | Pfeffer

Zubereitung

Backofen samt Auflaufform auf 100 °C Ober-/Unterhitze vorheizen.

Rosenkohl putzen und halbieren. In einem Topf mit Dämpfeinsatz über kochendem Wasser 6 Minuten bissfest garen. In ein Sieb abgießen, kalt abschrecken und abtropfen lassen.

Alle Schalotten schälen und in feine Würfel schneiden.

Für die Kruste ein Drittel der Schalottenwürfel in einer Pfanne in 1 EL Öl glasig dünsten. Mit Salz und Pfeffer würzen und herausnehmen. Die Pfanne säubern.

Für die Reduktion Knoblauch schälen und fein würfeln. Mit dem zweiten Drittel der Schalottenwürfel in einem kleinen Topf mit Orangensaft, Essig und Honig aufkochen, auf etwa 125 ml einkochen lassen. Mit Salz und Pfeffer würzen, vom Herd nehmen.

Für den Rosenkohl Öl in der Pfanne erhitzen. Speck, übrige Schalottenwürfel und Rosenkohl darin anbraten, bis alles leicht gebräunt ist. Alles mit dem Honig kurz karamellisieren lassen. Mit Salz und Pfeffer würzen und zugedeckt warm halten.

Für das Fleisch die Filetstücke trocken tupfen, mit Pfeffer und Salz von allen Seiten würzen. Übriges Öl in einer Pfanne erhitzen. Filets rundherum anbraten, bis sie leicht gebräunt sind. Aus der Pfanne nehmen und in Alufolie wickeln. Das Fleischthermometer in eines der Fleischstücke stechen, Filets in der Auflaufform im Ofen, bis zu einer Kerntemperatur von 54 °C ziehen lassen.

Für die Kruste Petersilie waschen, trocken tupfen. Blätter abzupfen und fein hacken. Eier trennen. Semmelbrösel, Petersilie, Senf, die gedünstete Schalotte und Eigelb verrühren. Eiklar mit einer Prise Salz zu steifem Schnee schlagen und unterheben.

Den Backofengrill einschalten. Die Auflaufform mit den Filets aus dem Ofen nehmen. Fleisch auswickeln, wieder in die Auflaufform legen, mit der Krustenmasse bestreichen. Erneut das Fleischthermometer in eines der Fleischstücke stechen. Im Ofen grillen, bis die Kruste leicht gebräunt ist und die Kerntemperatur ca. 63° C erreicht. Dann sofort herausnehmen und kurz ruhen lassen. Falls die Kruste bereits gebräunt, die Kerntemperatur aber noch nicht erreicht ist, das Fleisch mit Alufolie abdecken, Ofentemperatur reduzieren und weiter garen, bis die Kerntemperatur erreicht ist.

Zum Anrichten die Reduktion kurz erwärmen. Je 2 EL davon auf 4 Teller verteilen. Fleisch in dicke Scheiben schneiden, mit der Kruste nach oben aufrecht daraufsetzen. Rosenkohl rundherum verteilen.

Hase & Kaninchen

4 Portionen

Zubereitung: 30 Min.

Fertig in: 1 Std. 45 Min.

Würziger Hasenpfeffer

mit Safran-Spätzle

Zutaten

für das Ragout

3 Hasenkeulen à ca. 400–500 g, ohne Knochen
800 g Zwiebeln
8 Pimentkörner
2 TL schwarze Pfefferkörner
4 Wacholderbeeren
3 EL Butterschmalz
2 EL Tomatenmark
1 EL Weizenmehl, Type 405
Salz
125 ml trockener Weißwein
150 ml Orangensaft
1,2 l Wildfond
50 g Rosinen
3 Lorbeerblätter
3 Gewürznelken
1 kleiner Radicchio
Pfeffer aus der Mühle

für die Safran-Spätzle

800 g frische Spätzle, aus dem Kühlregal
60 g Butter
100 ml trockener Weißwein
2 Döschen Safranpulver à 0,1 g
1 TL frischer Thymian
Salz
Pfeffer aus der Mühle

Zubereitung

Für das Ragout das Fleisch in gulaschgroße Stücke schneiden. Die Zwiebeln schälen und grob klein schneiden. Dann portionsweise im Blitzhacker – alternativ auf einem Schneidebrett mit großem Messer – mit Piment, Pfefferkörnern und Wacholderbeeren grob hacken.

Butterschmalz in einem Bräter erhitzen. Das Fleisch darin rundherum anbraten. Den Zwiebel-Gewürz-Mix dazugeben und ebenfalls anbraten. Tomatenmark und Mehl hinzufügen und kurz anrösten. Mit Salz würzen. Mit Weißwein und Orangensaft ablöschen. Kurz etwas einkochen lassen, dann den Fond angießen. Rosinen, Lorbeerblätter und Gewürznelken dazugeben und alles zum Kochen bringen. Bei schwacher Hitze mit schräg aufgelegtem Deckel anderthalb Stunden köcheln.

Radicchio entblättern. Die Blätter waschen und trocken schleudern, anschließend etwas klein zupfen.

Für die Safran-Spätzle die Spätzle nach Packungsanweisung in Salzwasser garen, in ein Sieb abgießen und abtropfen lassen. In einem Topf Butter, Weißwein, Safranpulver und Thymian erhitzen. Mit Salz und Pfeffer würzen. Die Spätzle dazugeben und schwenken, bis sie safrangelb und heiß sind.

Zum Anrichten Nelken und Lorbeerblätter aus dem Hasenpfeffer nehmen. Mit Salz und Pfeffer abschmecken. Den Radicchio auf vier tiefe Teller verteilen. Hasenpfeffer darauf anrichten. Die Spätzle daneben platzieren und alles servieren.

4 Portionen

Zubereitung: 35 Min.

Fertig in: 1 Std. 15 Min.

Konfierte Kaninchenkeule

mit Ratatouille-Gemüse

Zutaten

für das Fleisch

4 Kaninchenkeulen à ca. 250 g
Salz | Pfeffer
1/2 Bund Thymian
2 Knoblauchzehen
1 Bio-Orange, davon 4 Streifen Schale
Öl zum Braten und Konfieren
2 Sternanis

für das Gemüse

400 g Aubergine
400 g Zucchini
3 Paprikaschoten, rot, gelb und orange
1 rote Zwiebel
4 Knoblauchzehen
1/2 Bund Thymian
Saft von 1/2 Bio-Orange (s.o.)
5 EL Olivenöl
1/2 TL gemahlener Kreuzkümmel
1 Msp. Zimtpulver
1 EL Honig
1 EL Tomatenmark
100 ml Gemüsebrühe
1–2 EL Aceto balsamico

Info: Beim Konfieren wird Fleisch, oft gemeinsam mit Gewürzen und Kräutern, bei niedriger Temperatur in (eigenem) Fett gegart. Das Fleisch bleibt dabei sehr zart und saftig und nimmt wunderbar die Aromen der beigefügten Gewürze auf. Besonders geeignet ist es für Keulen, etwa Enten- oder wie hier Kaninchenkeulen.

Zubereitung

Für das Fleisch die Keulen trocken tupfen und mit Salz und Pfeffer würzen. Den gesamten Thymian waschen und gründlich trocken tupfen. Knoblauch schälen und halbieren. Die Orange heiß abwaschen und mit einem sauberen Küchentuch trocken reiben. Die Schale dünn mit einem Messer abschneiden. 1–2 EL Öl in einer Pfanne erhitzen. Die Kaninchenkeulen darin rundherum anbraten, bis sie leicht gebräunt sind. Dann in einen passenden Topf oder kleinen Bräter legen. Die Hälfte des Thymians, Orangenschale, Knoblauch und Sternanis dazugeben. Knapp mit Öl bedecken und erhitzen. Auf niedrigster Stufe zugedeckt eine Stunde gar ziehen lassen (konfieren).

Nach 30 Minuten das Gemüse putzen und waschen bzw. schälen. Kerne und weiße Innenhäute der Paprikaschoten entfernen. Knoblauch in feine Würfel schneiden, restliches Gemüse in mundgerechte Würfel. Vom übrigen Thymian die Blätter abzupfen. Eine Hälfte der Orange auspressen.

In einer Pfanne in 2 EL Olivenöl zunächst die Auberginenwürfel anbraten und wieder herausnehmen. Dann ebenfalls in 2 EL Olivenöl die Paprikawürfel anbraten, Zucchiniwürfel hinzufügen und mitbraten, bis sie rundum leicht gebräunt sind. Wieder aus der Pfanne nehmen.

Erneut 1 EL Olivenöl in der Pfanne erhitzen. Zwiebelwürfel darin anbraten. Knoblauch, Thymian, Kreuzkümmel, Zimt, Honig und Tomatenmark beifügen und leicht karamellisieren lassen. Brühe und Orangensaft angießen, aufkochen und offen etwas einkochen lassen. Auberginenwürfel hinzufügen und weitere 3 bis 4 Minuten köcheln lassen. Zuletzt Paprika und Zucchini dazugeben und etwa eine Minute erhitzen. Das Gemüse mit Salz, Pfeffer und Aceto balsamico abschmecken.

Zum Anrichten die Kaninchenkeulen aus dem Öl nehmen und abtropfen lassen. Erneut mit etwas Salz und Pfeffer würzen. Mit dem Gemüse auf vier Tellern anrichten.

Dazu passen Aioli und Baguette.

4 Portionen
Zubereitung: 30 Min.
Fertig in: 2 Std.

Persischer Eintopf

mit Auberginen und Kaninchen (Khoresht-e Bademjan)

Zutaten

1 Kaninchen à 1,3–1,4 kg, küchenfertig, zerteilt
Salz | Pfeffer
6 EL Olivenöl
2 große Auberginen
1 Zwiebel
3 Knoblauchzehen
3 EL Tomatenmark
1 EL Zucker
400 g Tomaten-Passata
700 ml Gemüsefond
2 Döschen Safranpulver à 0,1 g
1 Dose Kichererbsen à 400 g, samt Flüssigkeit
250 g Kirschtomaten
1/2 Bund glatte Petersilie
2 EL Limettensaft

Zubereitung

Den Backofen auf 200 °C Ober-/Unterhitze vorheizen. Kaninchenteile trocken tupfen und mit Salz und Pfeffer würzen. Anschließend mit 2 EL Olivenöl einreiben und in eine Backform legen. Auf der mittleren Schiene im heißen Ofen eine Stunde backen. Die Auberginen waschen und der Länge nach in Spalten schneiden. Mit 3 EL Olivenöl beträufeln. Auf Backpapier legen. Nach 30 Minuten mit in den Backofen geben und 30 Minuten backen.

Die Zwiebel und den Knoblauch schälen und in feine Würfel schneiden. Restliches Olivenöl in einem großen Topf erhitzen, Zwiebel- und Knoblauchwürfel darin glasig dünsten. Tomatenmark und Zucker dazugeben und leicht karamellisieren lassen. Tomaten-Passata, Gemüsefond, Safran und Kichererbsen samt Flüssigkeit dazugeben und alles zum Kochen bringen. Auberginen und Kaninchenteile aus dem Ofen nehmen. Kaninchenteile in den Topf geben und alles mit schräg aufgelegtem Deckel weitere 30 Minuten bei nicht zu starker Hitze garen.

Die Tomaten waschen. Petersilie waschen und trocken tupfen, die Blätter abzupfen und fein hacken. Das Fleisch aus dem Eintopf nehmen. Tomaten, Auberginenspalten und Limettensaft dazugeben und weitere 8 Minuten garen. Inzwischen das Fleisch von den Knochen lösen, zurück in den Eintopf geben und noch kurz erhitzen. Petersilie untermischen. Mit Salz und Pfeffer abschmecken.

Zum Anrichten den Eintopf mit Langkornreis, z. B. Basmati oder persischem Sadri-Reis, servieren.

4 Portionen

Zubereitung: 30 Min.

Fertig in: 2 Std.

Hasen-Stifado

Zutaten

2 Hasenkeulen (à ca. 350–500 g)
Salz
600 g kleine Zwiebeln
4 Knoblauchzehen
4 Zweige Oregano
3 EL Olivenöl
2 TL Zucker
4 Lorbeerblätter
1 Zimtstange
6 Pimentkörner
4 Nelken
1 EL Tomatenmark
150 ml trockener Weißwein
800 g stückige Tomaten
1 EL Rotweinessig
200 ml Wildfond
Pfeffer aus der Mühle

Zubereitung

Den Backofen auf 180 °C Ober-/Unterhitze vorheizen. Das Fleisch trocken tupfen und salzen. Die Zwiebeln schälen. Knoblauch schälen und halbieren. Oregano waschen und trocken tupfen.

3 EL Olivenöl in einem Bräter erhitzen. Das Fleisch darin rundherum anbraten, bis es gut gebräunt ist. Anschließend herausnehmen. Die Zwiebeln mit dem Zucker in den Bräter geben. Rundherum anbraten, bis sie leicht gebräunt sind. Knoblauch, Lorbeerblätter, Zimtstange, Piment, Nelken und Oregano hinzufügen und kurz mitbraten. Das Tomatenmark einrühren und leicht anrösten, dann mit dem Wein ablöschen. Stückige Tomaten, Essig und Fond hinzufügen und zum Kochen bringen. Mit Salz würzen. Hasenkeulen samt ausgetretenem Saft hineinlegen und mit geschlossenem Deckel im heißen Ofen anderthalb Stunden garen.

Das fertige Stifado aus dem Ofen nehmen und mit Salz und Pfeffer abschmecken.

Zum Anrichten das Fleisch herausnehmen, vom Knochen lösen und mit der Sauce auf vier Teller verteilen.

Dazu passen in Oreganobutter geschwenkte, gegarte junge Kartoffeln (Drillinge).

STAUB
STAUB

Spektakuläre Sauce

Eine dunkle Sauce gehört zur Wildküche einfach dazu – insbesondere, wenn ein Braten auf den Tisch kommt. Hier eine besonders edle Variante, die aber recht einfach zuzubereiten ist. Durch geröstete Wildknochen erhält die Sauce einen intensiven Geschmack. Der besondere Clou ist aber die feine Schokonote.

Dunkle Wildsauce

400 g Wildknochen
2 Zwiebeln
1 Möhre
150 g Knollensellerie
2 TL Puderzucker
1 EL Tomatenmark
350 ml trockener Rotwein
800 ml Wildfond
1 TL Wacholderbeeren
1 TL Pimentkörner
1/2 TL schwarze Pfefferkörner
1/2 TL Koriander, ganz
1 Zimtstange
1 Lorbeerblatt
1 Zweig Rosmarin
1 1/2 TL Speisestärke
1 EL Preiselbeeren
1 EL Aceto balsamico
1/2 Stück Zartbitterschokolade
Salz | Pfeffer

Den Backofen auf 220 °C Ober-/Unterhitze vorheizen. Wildknochen in einer Auflaufform verteilen und im Backofen auf der mittleren Schiene etwa 30 Minuten rösten, bis sie gut gebräunt sind.

Zwiebeln, Möhre und Knollensellerie schälen und in 1–2 cm große Würfel schneiden. Puderzucker in einem Topf bei mittlerer Hitze karamellisieren lassen. Das Gemüse dazugeben und kurz verrühren, Tomatenmark unterrühren und kurz anrösten. Mit 300 ml Wein ablöschen und etwas einköcheln lassen. Dann den Wildfond und die gerösteten Wildknochen dazugeben, aufkochen und bei schwacher Hitze eine Stunde leise köcheln lassen.

Wacholderbeeren, Piment, schwarzer Pfeffer, Koriander sowie Zimtstange in einer Pfanne ohne Fett anrösten, bis es zu duften beginnt. Alles zusammen mit Lorbeerblatt und Rosmarin zur Sauce geben. Weitere 20 Minuten leise köcheln lassen.

Die Sauce durch ein Sieb gießen, das Gemüse dabei etwas ausdrücken. Speisestärke mit dem restlichen Rotwein anrühren und zur Sauce geben. Kurz aufkochen und köcheln lassen, bis die Sauce leicht andickt. Preiselbeeren und Aceto balsamico unterrühren. Zartbitterschokolade in der Sauce schmelzen lassen. Alles gut verrühren, mit Salz und Pfeffer abschmecken.

4 Portionen
Zubereitung: 30 Min.
Fertig in: 1 Std.

Glasierter Hasenrücken

mit Honig-Möhrchen

Zutaten

für die Honig-Möhrchen
1,2 kg junge Möhren mit Blattgrün
2 Zweige Rosmarin
50 g Butter
2 EL Honig
3 EL Zitronensaft
1 TL Vanilleextrakt
100 g getrocknete Cranberrys
Salz | Pfeffer
Cayennepfeffer

für das Fleisch
2 Hasenrücken à ca. 800g, am Knochen, küchenfertig
Salz | Pfeffer
2 EL Butterschmalz
4 EL Aprikosenmus
1 EL Honig

Zubereitung

Für die Honig-Möhrchen die Möhren putzen. Blätter abschneiden, dabei den Blattansatz einen knappen Zentimeter stehen lassen. Die Möhren schälen und waschen. Anschließend in einem Topf mit Dämpfeinsatz über kochendem Wasser 6 Minuten bissfest garen. Dann in ein Sieb abgießen, kalt abschrecken und abtropfen lassen. Rosmarin waschen und trocken tupfen.

Für das Fleisch den Backofen auf 120 °C Ober-/Unterhitze vorheizen. Die Hasenrücken trocken tupfen. Mit Salz und Pfeffer würzen. Butterschmalz in einer großen Pfanne erhitzen und die Hasenrücken darin nacheinander rundherum anbraten, bis sie leicht gebräunt sind. Dann mit der Fleischseite nach oben auf einen mit Backpapier ausgelegten Rost legen. In eines der Fleischstücke ein Fleischthermometer hineinstechen. Im Backofen auf der mittleren Schiene bis zu einer Kerntemperatur von 60 °C (medium) garen. Aprikosenmus und Honig verrühren. Die Hasenrücken während des Garvorgangs immer wieder mit der Mischung bestreichen, sodass das Fleisch am Ende schön glänzt.

Inzwischen für die Honig-Möhrchen die Butter in einer großen Pfanne mit Honig, Rosmarin, Zitronensaft und Vanilleextrakt erhitzen. Möhren und Cranberrys darin schwenken, bis sie warm und rundherum glasiert sind. Mit Salz, Pfeffer und Cayennepfeffer abschmecken.

Zum Anrichten die fertigen Hasenrücken aus dem Ofen nehmen und kurz ruhen lassen. Dann das Fleisch vorsichtig vom Knochen trennen und in Stücke schneiden. Mit den Honig-Möhrchen auf Tellern anrichten. Nach Belieben noch mit zerstoßenem rosa Pfeffer garnieren.

Dazu passen Kartoffelpüree, Couscous oder Polenta.

4 Portionen

Zubereitung:
40 Min. + Ruhezeit
über Nacht

Pasta mit gepfeffertem Hasenrücken

und Sellerie-Apfel-Pesto

Zutaten

für das Fleisch

4 Stücke Hasenrücken à 150–200 g, ohne Knochen
200 ml Buttermilch
3 EL Drei-Pfeffer-Mix
Salz
1 EL Olivenöl

für das Pesto

100 g Knollensellerie
1 EL Butter
1 EL Zitronensaft
1 TL Honig
Salz | Pfeffer
50 g Nussmix
60 g Apfelchips
40 g Parmesan am Stück
100 ml Olivenöl
Cayennepfeffer
2 Stängel Basilikum

außerdem

400 g Bandnudeln, z. B. Pappardelle

Zubereitung

Am Vortag die Hasenrückenstücke in einer Aufbewahrungsbox mit Buttermilch übergießen und zugedeckt über Nacht kühl stellen. Am nächsten Tag eine Stunde vor Beginn der Zubereitung aus dem Kühlschrank nehmen.

Für das Pesto den Sellerie schälen und in kleine Würfel schneiden. Butter in einer Pfanne erhitzen und den Sellerie bei nicht zu starker Hitze 5 Minuten weich dünsten. Zitronensaft und Honig dazugeben und noch etwas köcheln lassen. Den Sellerie mit Salz und Pfeffer würzen.

Die Nüsse grob hacken und in einer Pfanne ohne Fett hellbraun anrösten, dann sofort herausnehmen. Bis auf 2 EL mit 40 g Apfelchips und dem zerbröckelten Parmesan im Blitzhacker, alternativ im Mörser, fein zermahlen. Olivenöl dazugeben und alles nochmals fein pürieren. Mit Salz, Pfeffer und Cayennepfeffer kräftig abschmecken. Den Sellerie untermischen. Restliche Apfelchips grob hacken und mit dem verbleibenden Nussmix unterheben. Basilikum waschen und trocken tupfen, die Blätter abzupfen, fein hacken und ebenfalls untermischen.

Für das Fleisch den Backofen auf 80 °C Ober-/Unterhitze vorheizen. Den Pfeffer grob zerstoßen und auf einem Teller verteilen. Die Hasenrückenstücke aus der Buttermilch nehmen und trocken tupfen. Mit Salz würzen. Olivenöl in einer Pfanne erhitzen, das Fleisch darin rundherum anbraten, bis es leicht gebräunt ist. Dann in der Pfeffermischung wenden, in eine Auflaufform legen. In eines der Fleischstücke ein Fleischthermometer stechen. Im Backofen auf der mittleren Schiene bis zu einer Kerntemperatur von 60 °C (medium) garen.

Pasta in reichlich kochendem Salzwasser nach Packungsanweisung bissfest garen. Eine Tasse Kochwasser abnehmen, dann die Pasta in ein Sieb abgießen. Das Fleisch aus dem Ofen nehmen und unter Alufolie kurz ruhen lassen.

Zum Anrichten die Pasta im Topf mit dem Pesto mischen, dabei so viel Kochwasser dazugießen, dass sich alles gut verbindet. Pasta mit dem Pesto auf vier Teller verteilen. Das Fleisch in Scheiben schneiden und darauf anrichten.

Ente & Gans

2 Portionen

Zubereitung: 30 Min.

Fertig in: 3 Std.

Herbstlicher Salat aus konfierter Gänsekeule

mit Staudensellerie und Pecorino

Zutaten

für das Fleisch

2 Zwiebeln
2 Knoblauchzehen
1 Möhre
1 Bund italienische Kräuter
1 Wildgänsekeule à ca. 500 g
250 g Gänse- oder Schweineschmalz
2 Wacholderbeeren
2 Pimentkörner
10 schwarze Pfefferkörner
200 ml Enten-, Gänse- oder Wildfond
100 ml trockener Weißwein
Salz | Pfeffer aus der Mühle

für das Dressing

4 EL Aceto balsamico
2 TL Honig
2 TL Dijon-Senf
1 Knoblauchzehe
2 EL Olivenöl
Salz | Pfeffer aus der Mühle

für den Salat

1 kleiner Radicchio
1 Möhre
5 getrocknete Tomaten in Öl
30 g Pecorino am Stück
2 EL geröstete Pistazienkerne
2 Stangen Staudensellerie
1 EL Olivenöl

Zubereitung

Für das Fleisch die Zwiebeln und den Knoblauch schälen und in feine Würfel schneiden. Die Möhre schälen und ebenfalls fein würfeln. Kräuter waschen und trocken tupfen. Die Gänsekeule trocken tupfen. Mit Schmalz, Gemüse, Kräutern, Gewürzen, Fond und Wein in einen Topf geben. Mit Salz würzen. Zugedeckt bei schwacher bis mittlerer Hitze zwei bis zweieinhalb Stunden leise köcheln lassen, bis das Fleisch gar ist und sich leicht vom Knochen löst. Dann die Keule herausnehmen und etwas abkühlen lassen.

Für das Dressing Balsamico, Honig und Senf verrühren. Knoblauch schälen und dazupressen. Das Öl unterschlagen. Mit Salz und Pfeffer abschmecken.

Für den Salat den Radicchio zerpflücken, waschen, trocken schleudern und in Streifen schneiden. Die Möhre schälen und mit dem Sparschäler feine Streifen abziehen. Tomaten abtropfen lassen und in Streifen schneiden. Pecorino grob zerbröckeln. Pistazien grob hacken. Staudensellerie waschen und in Scheiben schneiden. Öl in einer Pfanne erhitzen und den Sellerie darin andünsten. Tomaten kurz mitdünsten, vom Herd nehmen.

Von der Gänsekeule die Haut entfernen, das Fleisch vom Knochen lösen und fein zerrupfen. Mit Salz und Pfeffer würzen.

In einer Schüssel Radicchio, Möhren, Sellerie-Tomaten-Mix und Fleisch mit dem Dressing mischen, gegebenenfalls noch etwas salzen und pfeffern.

Zum Anrichten Salat auf zwei Teller verteilen. Mit Pecorino und Pistazien bestreuen, nach Belieben noch mit etwas Kresse garnieren und servieren.

4 Portionen

Zubereitung: 30 Min.

Fertig in: 2 Std.

Pflücksalat mit Entenbrust

und karamellisierten Walnüssen

Zutaten

für das Fleisch

300 g Butter
4 Knoblauchzehen
1 Zweig Rosmarin, davon die Hälfte
4 Wacholderbeeren
2 Lorbeerblätter
2 Wildentenbrüste à 100–150 g
1 EL Butterschmalz
Salz

für die karamellisierten Walnüsse

120 g Walnusskerne
1 Zweig Rosmarin, davon die Hälfte (s. o.)
40 g Zucker
Salz

für den Salat

150 g Pflücksalat
2 kleine reife Birnen

für das Dressing

3 EL Weißweinessig
1 EL körniger Senf
1 EL schwarze Johannisbeer-konfitüre
1 TL Honig
3 EL Walnussöl
Salz | Pfeffer

Zubereitung

Für das Fleisch den Backofen auf 80 °C Ober-/Unterhitze vorheizen. In einem kleinen ofenfesten Topf die Butter schmelzen und auf 80 °C erwärmen, dafür das Fleischthermometer nutzen. Knoblauch schälen und halbieren. Rosmarin waschen und trocken tupfen, die Nadeln abzupfen. Wacholderbeeren andrücken. Knoblauch, die Hälfte des Rosmarins, Lorbeerblätter und Wacholderbeeren in die Butter geben. Die Entenbrüste trocken tupfen. Die Haut rautenförmig einschneiden. Die Entenbrüste in die Butter legen, sodass sie vollständig bedeckt sind. Zugedeckt im Ofen auf der mittleren Schiene anderthalb Stunden garen.

Für die karamellisierten Walnüsse die Walnüsse ganz grob hacken. Den restlichen Rosmarin fein hacken. Zucker in einem Topf hellbraun karamellisieren lassen. Die Walnüsse mit dem gehackten Rosmarin darin schwenken und mit dem Karamell überziehen. Mit etwas Salz würzen. Dann auf einem mit Backpapier ausgelegten Teller verteilen und das Karamell aushärten lassen.

Für das Dressing Essig, Senf, Konfitüre und Honig verrühren. Das Walnussöl unterschlagen, mit Salz und Pfeffer abschmecken.

Pflücksalat waschen und trocken schleudern. Die Birnen waschen und halbieren. Die Kerngehäuse entfernen, die Birnenhälften in schmale Spalten schneiden.

Den Topf aus dem Ofen holen. Entenbrüste aus dem Topf nehmen und trocken tupfen. Die Butter anderweitig verwenden, z. B. durch ein Sieb gießen, abkühlen lassen und eine Kräuterbutter daraus machen. Butterschmalz in einer Pfanne erhitzen und die Entenbrüste auf der Hautseite anbraten, bis sie schön gebräunt sind. Dann einmal wenden und kurz auf der anderen Seite anbraten. Aus der Pfanne nehmen und einen Moment ruhen lassen.

Zum Anrichten den Pflücksalat auf vier Teller verteilen und die Birnenspalten darauf platzieren. Alles mit dem Dressing beträufeln. Die Entenbrüste in Scheiben schneiden, mit Salz würzen und ebenfalls darauf anrichten. Walnüsse darüberstreuen und den Salat servieren.

Dazu passt Baguette.

4 Portionen

Zubereitung: 30 Min.

Fertig in: 1 Std. 30 Min.

Entenbraten mit Hoisin-Glasur

und Ingwer-Pflaumen

Zutaten

für das Fleisch

2 Wildenten à 600–800 g, küchenfertig

Salz | Pfeffer

3 TL Fünf-Gewürze-Pulver

5 EL Hoisinsauce (süßlich schmeckende chinesische Würzsauce)

für den Reis

300 g Basmatireis

Salz

3 Kardamomkapseln

für die Ingwer-Pflaumen

2 Schalotten

50 g Ingwer

800 g rote Pflaumen

3 EL Zucker

4 EL Reisessig

2 EL Hoisinsauce

Salz | Pfeffer

Info: Fünf-Gewürze-Pulver ist eine aromatische Gewürzmischung der chinesischen Küche. Es besteht aus Sternanis, Szechuanpfeffer, Zimt, Fenchelsamen und Nelken und vereint auf ausgewogene Weise verschiedenste Aromen. Das Pulver eignet sich besonders gut für Fleischgerichte und Marinaden.

Zubereitung

Für das Fleisch den Backofen auf 180 °C Ober-/Unterhitze vorheizen. Die Enten innen und außen waschen und trocken tupfen. Rundherum mit Salz, Pfeffer und Fünf-Gewürze-Pulver einreiben. In eine Bratform legen, 200 ml Wasser angießen. Die Enten im heißen Ofen auf der mittleren Schiene 45 Minuten backen.

Danach die Temperatur auf 150 °C reduzieren und die Enten weitere 30 Minuten backen, bis sie gar sind. Dabei mehrfach mit der Hoisinsauce einpinseln, bis sie schön glasiert sind.

Inzwischen den Reis in einem Topf mit Wasser bedecken, mit den Händen gründlich waschen und das Wasser abgießen. Diesen Vorgang wiederholen. Dann 450 ml Wasser angießen. Leicht salzen und die Kardamomkapseln dazugeben. Zum Kochen bringen und zugedeckt 5 Minuten leise köcheln lassen. Die Temperatur auf die niedrigste Stufe herunterstellen und den Reis zugedeckt in 10 bis 12 Minuten gar ziehen lassen.

Währenddessen für die Ingwer-Pflaumen Schalotten und Ingwer schälen und in feine Würfel schneiden. Die Pflaumen waschen, halbieren und entsteinen. Schalotten- und Ingwerwürfel in einer Pfanne mit dem Zucker andünsten. Mit dem Essig ablöschen. Die Pflaumen hinzufügen, erhitzen und unter gelegentlichem Rühren 5 bis 7 Minuten weich dünsten. Zwischendurch prüfen, ob der Reis gar ist und diesen gegebenenfalls vom Herd nehmen und mit einer Gabel etwas auflockern. Die Hoisinsauce unter die Pflaumen rühren. Mit Salz und Pfeffer abschmecken.

Zum Anrichten den Braten aus dem Ofen nehmen und kurz ruhen lassen. Nun die Enten tranchieren, dafür zunächst die Brüste ablösen, dann die Keulen. Das Fleisch mit den Ingwerpflaumen und dem Basmatireis servieren.

Dazu passen gedünsteter Pak Choi oder Lauch.

4 Portionen
Zubereitung: 35 Min.
Fertig in: 1 Std.

Entenbrust-Saté

mit gemischtem Gemüse

Zutaten

für das Fleisch
4 Wildentenbrüste à 100–150 g
Salz | Pfeffer

für die Satésauce
1 Schalotte
1 Knoblauchzehe
10 g Ingwer
2 EL Öl
1 EL Rohrohrzucker
200 ml Kokosmilch
2 EL scharfe Chilisauce
2–3 EL Sojasauce
80 g Erdnussmus
1–2 EL Limettensaft
Salz | Pfeffer

für das Gemüse
2 rote Paprikaschoten
400 g Zucchini
300 g kleine Champignons oder Egerlinge
1 rote Zwiebel
2 EL Öl
1 TL Rohrohrzucker
1 EL scharfe Chilisauce
1 EL Sojasauce
1 EL Limettensaft
Salz | Pfeffer

Zubereitung

Für das Fleisch den Backofen auf 80 °C Ober-/Unterhitze vorheizen. Die Entenbrüste trocken tupfen. Die Fettschicht rautenförmig einritzen. Mit Salz und Pfeffer einreiben. Eine ofenfeste Pfanne auf dem Herd erhitzen. Entenbrüste mit der Fettseite nach unten in die Pfanne legen und ohne zusätzliches Fett scharf anbraten. Anschließend wenden und die Fleischseite kurz und scharf anbraten. Dann erneut wenden und die Pfanne in den Backofen stellen. Die Entenbrüste auf der mittleren Schiene 40 Minuten garen.

Nach 20 Minuten für die Satésauce die Schalotte, den Knoblauch und den Ingwer schälen, alles fein würfeln. Öl in einem Topf erhitzen. Schalotten-, Knoblauch- und Ingwerwürfel darin andünsten. Zucker hinzufügen und etwas karamellisieren lassen. Mit Kokosmilch und 100 ml Wasser ablöschen. Chilisauce und 2 EL Sojasauce dazugeben und aufkochen. Offen bei mittlerer Hitze 3 bis 4 Minuten kochen.
Das Erdnussmus beifügen und glatt einrühren. Alles erneut aufkochen und noch einmal 2 Minuten leise köcheln lassen. Dann 1 EL Limettensaft unterrühren. Die Sauce mit Salz, Pfeffer, Sojasauce und Limettensaft abschmecken. Zugedeckt warm halten.

Für das Gemüse Paprika halbieren, Kerne und weiße Innenhäute entfernen. Die Paprikahälften waschen und in mundgerechte Stücke schneiden. Zucchini waschen, längs halbieren und in dicke Scheiben schneiden. Pilze putzen und halbieren. Die Zwiebel schälen, halbieren und in Streifen schneiden. Öl in einer Pfanne erhitzen. Zwiebelstreifen und Paprikastücke darin 5 Minuten bei nicht zu starker Hitze anbraten. Pilze und Zucchini dazugeben und alles weiter braten, bis das Gemüse knapp gar ist. Zucker, Chilisauce, Sojasauce und Limettensaft dazugeben und noch kurz unter Rühren weiterbraten. Mit Salz und Pfeffer würzen.

Zum Anrichten die Entenbrüste aus dem Ofen nehmen und unter Alufolie kurz ruhen lassen. Die Erdnusssauce gegebenenfalls noch mit ein wenig Wasser verdünnen. Auf vier Tellern jeweils einen Spiegel Sauce anrichten. Die Entenbrüste in Scheiben schneiden und mit dem Gemüse darauf platzieren. Sofort servieren.

Beste Reste

Sollte von einem Wildgericht mal etwas übrig bleiben, das Fleisch einfach über Nacht zugedeckt kühl stellen. Am nächsten Tag ist es dann zwar dunkler und etwas trockener, schmeckt aber klein gezupft oder in Streifen geschnitten immer noch hervorragend. Diese drei Ideen ergeben eine perfekte Resteverwertung.

Tiroler Gröstl

für 2 Personen: 600 g Kartoffeln, 100 g Butterschmalz, 1 Zwiebel, 200–250 g Wildfleisch, 1/2 TL getrockneter Majoran, Salz, Pfeffer, 1 EL Butter, 2 Eier (Größe M), Petersilie zum Garnieren

Kartoffeln schälen und in Scheiben schneiden. Butterschmalz in einer großen Pfanne erhitzen und die Kartoffelscheiben darin bei nicht zu starker Hitze anbraten, bis sie von einer Seite leicht gebräunt sind. Dann wenden und weiterbraten, bis auch die andere Seite gebräunt ist. Inzwischen Zwiebel schälen und fein würfeln. Wildfleisch in Streifen schneiden. Das meiste Fett aus der Pfanne abgießen. Zwiebelwürfel und Fleisch zu den Kartoffeln geben und weiterbraten, bis die Zwiebelwürfel leicht gebräunt und gar sind. Majoran unterrühren. Mit Salz und Pfeffer würzen. In einer zweiten Pfanne in Butter zwei Spiegeleier braten, salzen. Gröstl auf zwei Teller verteilen. Spiegeleier darauf anrichten, alles nach Belieben mit Petersilie garnieren und servieren.

Blattsalat mit Orangen

für 2 Personen: 1 Orange, 2 EL Rotweinessig, 2 TL Dijonsenf, 1 TL Honig, 3 EL Walnussöl, Salz, Pfeffer, 100 g herbe Blattsalate (z. B. Chicorée und Radicchio), 50 g Parmesan am Stück, 200–250 g Wildfleisch, 1 EL Öl, Kresse und rosa Pfefferbeeren zum Garnieren

Orange bis ins Fleisch schälen und die einzelnen Segmente herausschneiden. Den Orangenrest in ein Schälchen auspressen. Für das Dressing Orangensaft mit Rotweinessig, Dijonsenf, Honig und Walnussöl verrühren. Mit Salz und Pfeffer würzen. Blattsalate waschen und trocken schleudern, die Blätter etwas klein zupfen. Parmesan grob zerbröckeln. Wildfleisch in Streifen schneiden und in Öl anbraten. Mit Salz und Pfeffer würzen. Blattsalate mit dem Dressing mischen und in Schälchen verteilen. Orangenspalten, Wildfleisch und Parmesan darauf anrichten. Nach Belieben mit Kresse und rosa Pfefferbeeren garnieren.

Raclettebrote

für 2 Personen: 2 große Scheiben Sauerteigbrot, 4 EL Frischkäse, 4 TL körniger Senf, 150–200 g Wildfleisch, 2 große Scheiben Raclettekäse (oder 4 Scheiben Morbier), Petersilie zum Garnieren

Den Backofen auf 160 °C Umluft vorheizen. Brotscheiben halbieren und jeweils mit 1 EL Frischkäse und 1 TL körnigem Senf bestreichen. Wildfleisch in Streifen schneiden und darauf verteilen. Käse entrinden und halbieren. Käse auf das Fleisch legen. Die Brote auf einem mit Backpapier ausgelegten Rost im Backofen auf der mittleren Schiene 6 bis 10 Minuten überbacken, bis die Brote knusprig sind und der Käse geschmolzen ist. Nach Belieben mit Petersilie garnieren und servieren.

4 Portionen

Zubereitung: 35 Min.

Fertig in: 1 Std. 15 Min.

Gebackene Gänsebrust

mit Borschtsch-Gemüse und Orangen-Meerrettich

Zutaten

für das Fleisch

2 Wildgänsebrüste à ca. 400 g, küchenfertig

Salz | Pfeffer

1 EL Öl

für das Gemüse

500 g Rote Bete

500 g Weißkohl

2 Zwiebeln

2 EL Öl

1 1/2 EL Zucker

400 ml Wildfond

3 Lorbeerblätter

5 Wacholderbeeren

4 EL Weißweinessig

Salz | Pfeffer

2 TL Speisestärke

etwas Orangensaft (von der Bio-Orange, s. u.)

für den Orangen-Meerrettich

1 Bio-Orange, davon 3 EL Saft und 1 TL Schale

2 cm Meerrettichwurzel

200 g Schmand

1 TL Zucker

Salz | Pfeffer

außerdem

2 Stängel Dill

Zubereitung

Für das Fleisch den Backofen auf 180 °C Ober-/Unterhitze vorheizen. Die Gänsebrüste trocken tupfen, die Haut kreuzweise einritzen. Rundherum mit Salz und Pfeffer einreiben. Öl in einem Bräter erhitzen und die Gänsebrüste auf der Hautseite anbraten, bis sie gebräunt sind. Dann wenden und auch auf der anderen Seite anbraten. Erneut wenden. Den Bräter auf die mittlere Schiene des Backofens schieben. Gänsebrüste eine Stunde garen, bis die Haut knusprig ist.

Für das Gemüse Rote Bete schälen. Kohl waschen und den Strunk entfernen. Rote Bete und Kohl in mundgerechte Stücke schneiden. Die Zwiebeln schälen und in Würfel schneiden. Öl in einem großen Topf erhitzen, die Zwiebeln darin andünsten. Das übrige Gemüse dazugeben und 5 Minuten mitdünsten. Zucker hinzufügen und leicht karamellisieren lassen. Den Fond dazugießen, Gewürze hinzufügen und alles zum Kochen bringen. Zugedeckt bei schwacher Hitze 30 Minuten köcheln lassen.

Für den Orangen-Meerrettich die Orange heiß waschen und mit einem sauberen Küchentuch trocken reiben. Die Schale fein abreiben und den Saft auspressen. Meerrettich schälen und fein reiben. Mit Schmand, Zucker, 3 EL Orangensaft und 1 TL Orangenschale verrühren. Mit Salz und Pfeffer abschmecken.

Essig unter das gegarte Gemüse rühren. Mit Salz und Pfeffer würzen. Restlichen Orangensaft mit der Speisestärke verrühren, zum Gemüse geben, aufkochen und die Gemüsesauce damit binden. Vom Herd nehmen und zugedeckt warm halten.

Zum Anrichten die Gänsebrüste aus dem Ofen nehmen und kurz ruhen lassen. Dill waschen und trocken tupfen. Die Spitzen abzupfen und fein hacken. Das Gemüse auf vier Teller verteilen. Die Gänsebrüste in Scheiben schneiden und darauf anrichten. Alles mit Dill und der restlichen Orangenschale garnieren. Den Orangen-Meerrettich dazu servieren.

Dazu passen Salzkartoffeln.

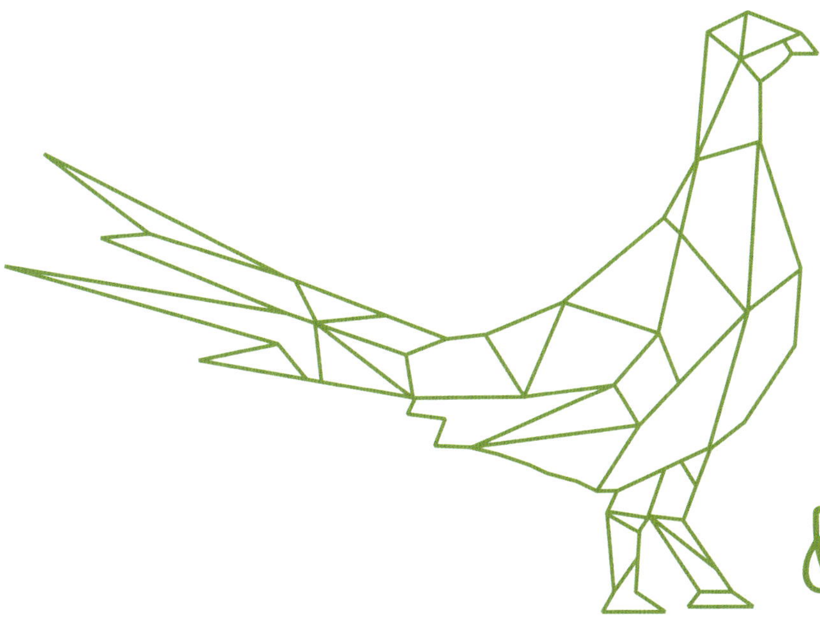

Taube & Fasan

4 Portionen

Zubereitung: 30 Min.

Fertig in: 3 Std.

Klare Taubensuppe

mit Safran-Grieß-Klößchen

Zutaten

für die Suppe
1 Zwiebel
3 Möhren
300 g Knollensellerie
2 Tauben à ca. 400 g, küchenfertig
2 Lorbeerblätter
2 Wacholderbeeren
3 Pimentkörner
6 schwarze Pfefferkörner
Salz | Pfeffer
400 g Blumenkohl
1/2 Stange Lauch
2 EL krause Petersilie, gehackt

für die Klößchen
250 ml Milch
50 g Butter
1 Döschen Safranpulver à 0,1 g
Salz
frisch geriebene Muskatnuss
100 g Hartweizengrieß
1 Ei, Größe M

Zubereitung

Für die Suppe die Zwiebel waschen und halbieren. Eine Möhre und 200 g Sellerie waschen und in dicke Stücke schneiden. Die Tauben waschen. Die Zwiebelhälften in einem Topf mit der Schnittfläche nach unten kurz anrösten, bis sie gebräunt sind. 1,5 l Wasser, vorbereitetes Gemüse und Gewürze dazugeben. Die Tauben hinzufügen. Alles salzen, zum Kochen bringen und anschließend bei schwacher Hitze zugedeckt zweieinhalb Stunden leise köcheln lassen.

Nach zwei Stunden für die Klößchen die Milch in einem Topf mit Butter und Safran zum Kochen bringen. Mit Salz und Muskatnuss würzen. Den Grieß langsam einrieseln lassen und rühren, bis die Masse sich vom Topfboden löst. Vom Herd nehmen und abkühlen lassen. Nach dem Abkühlen das Ei dazugeben und gründlich mit der Grießmasse vermengen. Mit feuchten Händen aus der Masse kleine Klößchen formen.

Die Tauben aus der Suppe nehmen und etwas abkühlen lassen. Den Fond durch ein Sieb gießen und zurück in den Topf geben. Mit Salz und Pfeffer würzen und erneut zum Kochen bringen. Das übrige Gemüse putzen und waschen bzw. schälen und in mundgerechte Stücke schneiden. In der Suppe bei schwacher Hitze zugedeckt etwa 8 bis 10 Minuten garen.

Für die Klößchen Salzwasser in einem Topf erhitzen. Die Klößchen darin bei schwacher Hitze etwa 10 Minuten ziehen lassen, bis sie an der Oberfläche schwimmen und gar sind.

Das Fleisch von den Tauben lösen und in mundgerechte Stücke teilen. In die Suppe geben. Diese erneut abschmecken.

Zum Anrichten die Suppe in tiefe Teller oder Suppenschalen geben. Klößchen mit einem Schaumlöffel aus dem Wasser heben und auf die Teller verteilen. Die Suppe mit Petersilie garnieren und servieren.

Verlockende Einlagen

Eine klare Wildsuppe, etwa eine Taubensuppe (siehe Seite 107), ist ein echter Genuss. Besonders raffiniert wird sie mit den richtigen Einlagen. Hier drei Klassiker mit dem gewissen Etwas, die ganz unkompliziert zubereitet sind. Einfach kurz vor dem Servieren in die Suppe geben.

Schneller Kräuter-Eierstich

für 4 Personen
2 Eier, Größe M
125 ml Milch
1 Prise Salz
frisch geriebene Muskatnuss
Butter
3 EL gehackte frische Kräuter (z. B. Petersilie, Schnittlauch, Kerbel)

Eier mit Milch und Salz glatt rühren. Mit Muskatnuss würzen. Einen tiefen Teller mit Butter einfetten und die Eiermasse einfüllen. Kräuter darüber streuen. Die Masse bei 600 Watt in der Mikrowelle in etwa 4 bis 6 Minuten zu Eierstich stocken lassen. Anschließend abkühlen lassen, auf ein Holzbrett stürzen und in Stücke schneiden.

Sesam-Flädle

für 4 Personen
150 g Weizenmehl, Type 405
250 ml Milch
3 Eier, Größe M
1/2 TL Salz
1 EL geröstetes Sesamöl
1 TL Öl
1 TL schwarzer Sesam

Mehl, Milch, Eier, Salz und Sesamöl verrühren. 10 Minuten quellen lassen. Eine beschichtete Pfanne heiß werden lassen und Öl darin erhitzen. Die Pfanne mit 1/2 TL Sesam ausstreuen und ein Viertel des Teigs durch Schwenken in der Pfanne verteilen. Die Oberseite ebenfalls mit 1/2 TL Sesam bestreuen. Backen, bis der Teig gestockt ist, dann wenden und den Pfannkuchen fertig backen. Übrige Pfannkuchen genauso backen. Nach dem Backen zusammenrollen und in Streifen schneiden.

Knobi-Backerbsen

Für 4 Personen
75 g Weizenmehl, Type 405
1 Ei, Größe M
1 TL Knoblauchpulver
2 Prisen Salz
200 g Butterschmalz

Mehl mit Ei, Knoblauchpulver und 2–3 EL lauwarmem Wasser glatt rühren. Mit Salz würzen und 10 Minuten quellen lassen. Dann noch einmal gut verrühren. Butterschmalz in einem Topf erhitzen. Steigen an einem in das Fett gehaltenen Holzstäbchen sofort Blasen auf, ist das Fett heiß genug. Den Teig portionsweise durch eine Küchenreibe mit großen Löchern in das heiße Fett laufen lassen und zu goldbraunen Backerbsen backen. Mit einem Schaumlöffel herausheben und auf Küchenpapier abtropfen lassen. Den restlichen Teig genauso backen.

2 Portionen
Zubereitung: 35 Min.
Fertig in: 1 Std. 15 Min.

Taubenbraten mit Feigen

auf Kräuter-Joghurt-Linsen

Zutaten

für das Fleisch
2 Tauben à ca. 400 g, küchenfertig
Salz | Pfeffer
1 TL Ras el-Hanout
80 g getrocknete Aprikosen
50 g Speckwürfel
50 g Butterschmalz

für die Linsen
100 g Berglinsen
je 2 Stängel Petersilie und Dill
1 Bio-Zitrone
100 g griechischer Joghurt
1 TL Honig
1/2 TL Ras el-Hanout
2 Knoblauchzehen
Salz | Pfeffer

für die Feigen
8 Feigen
2 TL Honig
100 ml trockener Weißwein

Info: Ras el-Hanout ist eine nordafrikanische Gewürzmischung, die aus bis zu 30 verschiedenen Gewürzen besteht, darunter sind in der Regel Zimt, Koriander, Kreuzkümmel, Muskat und Nelken.

Zubereitung

Für das Fleisch den Backofen auf 200 °C Ober-/Unterhitze vorheizen. Die Tauben trocken tupfen. Rundherum mit Salz, Pfeffer und 1 TL Ras el-Hanout einreiben. Mit Aprikosen und Speck füllen und mit dem Butterschmalz in einen Bräter geben. Zugedeckt im Ofen 30 Minuten garen.

Inzwischen die Linsen gründlich waschen und in der dreifachen Menge leicht gesalzenem Wasser zum Kochen bringen. Zugedeckt bei schwacher Hitze etwa 25 Minuten gar köcheln lassen. Dann in ein Sieb abgießen und abtropfen lassen.

Die Kräuter waschen und trocken tupfen. Die Blätter bzw. Spitzen abzupfen und fein hacken. Die Zitrone heiß abwaschen und mit einem sauberen Küchentuch trocken reiben. Die Schale fein abreiben und aus einer Hälfte den Saft auspressen. In einer Schüssel Joghurt, 1 TL Honig, den Zitronensaft und die Hälfte der Zitronenschale sowie 1/2 TL Ras el-Hanout verrühren. Knoblauch schälen und dazupressen. Die Hälfte der Kräuter unterheben. Mit Salz und Pfeffer würzen.

Den Deckel vom Bräter entfernen und die Tauben etwa 30 Minuten offen weitergaren, bis sie gut gebräunt sind. Dabei immer wieder mit Butterschmalz beträufeln.

Nach 15 Minuten die Feigen waschen, die Stielansätze entfernen. Die Früchte halbieren. In einer Pfanne den Honig leicht karamellisieren lassen, mit dem Wein ablöschen und kurz köcheln lassen. Die Feigen in dem Weinsud schwenken, bis sie knapp gar sind.

Die abgetropften Linsen unter den Joghurt rühren. Die Mischung mit Salz und Pfeffer abschmecken. Restliche Kräuter und Zitronenschale darüberstreuen.

Zum Anrichten die Tauben aus dem Ofen nehmen und kurz ruhen lassen. Mit den Joghurtlinsen und den Feigen servieren.

2 Portionen
Zubereitung: 40 Min.

Fasanenragout
mit Steinpilzen

Zutaten

15 g getrocknete Steinpilze
1 Fasan à ca. 900 g, küchenfertig
Salz | Pfeffer
2 EL Butterschmalz
1 Zwiebel
2 Knoblauchzehen
250 g gemischte Pilze, z. B. Champignons, Kräuterseitlinge, Buchenpilze (Shimeji)
4 Zweige Thymian
2 TL Zucker
150 ml trockener Weißwein
150 ml Sahne
100 ml Milch
1 1/2 TL Speisestärke
1–2 EL Aceto balsamico

Zubereitung

Backofen auf 140 °C Ober-/Unterhitze vorheizen. Steinpilze in 150 ml Wasser einweichen. Den Fasan trocken tupfen. Flügel und Keulen ablösen. Den Rumpf mit einer Geflügelschere halbieren. Alle Stücke mit Salz und Pfeffer einreiben.

Butterschmalz in einer großen Pfanne erhitzen. Die Fasanenstücke auf der Hautseite anbraten, bis sie schön gebräunt sind. Dann wenden und auch auf der anderen Seite anbraten. Anschließend auf ein mit Backpapier ausgelegtes Rost legen und auf der mittleren Schiene im heißen Backofen weitergaren, bis die übrigen Zutaten vorbereitet sind.

Zwiebel und Knoblauch schälen und in feine Würfel schneiden. Pilze putzen und halbieren oder in Scheiben schneiden. Buchenpilze einfach von der Basis abschneiden. Thymian waschen und trocken tupfen.

In der Pfanne die Zwiebeln anbraten, den Knoblauch kurz mitbraten. Zucker hinzufügen und leicht karamellisieren lassen, dann mit dem Weißwein ablöschen und die Steinpilze samt Einweichflüssigkeit dazugießen. Thymian hinzufügen, alles zum Kochen bringen und offen bei nicht zu starker Hitze 5 Minuten köcheln lassen. Die Sahne dazugeben und weitere 4 Minuten köcheln lassen.

Die Pilze in die Pfanne geben und alles noch einmal 4 Minuten köcheln lassen. Milch und Speisestärke verrühren und die Mischung angießen. Aufkochen und die Sauce leicht dicklich einkochen lassen. 1 EL Balsamico unterrühren. Mit Salz, Pfeffer und nach Belieben noch etwas Balsamico abschmecken.

Das Fleisch aus dem Ofen nehmen. Thymian aus der Sauce entfernen. Fleisch in die Sauce legen und alles zugedeckt noch 5 Minuten ziehen lassen. Dann servieren.

Dazu passen Bandnudeln oder Reis.

4 Portionen
Zubereitung: 35 Min.
Fertig in: 50 Min.

Fasanenbrust im Speckmantel

mit Polenta und Gorgonzola-Wirsing

Zutaten

für den Gorgonzola-Wirsing
800 g Wirsing
80 g Gorgonzola
2 EL Butter
50 ml trockener Weißwein
Zucker
Salz | Pfeffer

für das Fleisch
4 Fasanenbrüste à 100–150 g
Salz | Pfeffer
1 TL getrocknete Kräuter der Provence
2 EL Olivenöl
8 Scheiben Bacon

für die Polenta
1 l Gemüsebrühe
3 Knoblauchzehen
200 g Polentagrieß
2 EL Butter
1 EL Weißweinessig
Salz
weißer Pfeffer
frisch geriebene Muskatnuss

Zubereitung

Den Backofen auf 120 °C Ober-/Unterhitze vorheizen.

Für den Gorgonzola-Wirsing den Wirsing entblättern, die Blätter waschen. Den harten Strunk und dicke Stielansätze wegschneiden. Die Blätter in einem Topf mit Dämpfeinsatz über kochendem Wasser 7 Minuten dämpfen. Dann in eiskaltem Wasser abschrecken. In einem Durchschlag abtropfen lassen und anschließend trocken schleudern. Die Blätter in Rauten schneiden.

Für das Fleisch die Fasanenbrüste trocken tupfen, rundherum mit Salz und Pfeffer würzen und mit Kräutern und 1 EL Olivenöl einreiben. Zuletzt jeweils zwei leicht überlappende Scheiben Bacon um jede Fasanenbrust wickeln. Restliches Olivenöl in einer Pfanne erhitzen, die Fasanenbrüste darin rundherum anbraten, bis sie und der Bacon leicht gebräunt sind. Auf einem mit Backpapier ausgelegten Rost im heißen Backofen auf der mittleren Schiene weiter garen, bis die Polenta und der Wirsing fertig sind.

Für die Polenta die Brühe in einem Topf zum Kochen bringen. Den Knoblauch schälen und dazupressen. Den Polentagrieß unter Rühren einrieseln lassen. Zugedeckt bei nicht zu starker Hitze 10 Minuten köcheln lassen, dabei immer wieder umrühren.

Für den Wirsing Gorgonzola und 2 EL Butter in einer Pfanne schmelzen lassen. Den Weißwein dazugießen und kurz aufkochen. Mit Salz, Pfeffer und wenig Zucker würzen. Den Wirsing in dieser Sauce schwenken, bis er heiß ist. Mit Salz und Pfeffer würzen.

Butter und Essig unter die Polenta rühren, mit Salz, weißem Pfeffer und Muskatnuss abschmecken.

Zum Anrichten das Fleisch aus dem Ofen nehmen und kurz zugedeckt ruhen lassen. Polenta auf vier tiefe Teller verteilen. Den Wirsing darauf anrichten. Die Fasanenbrüste einmal quer halbieren und darauf platzieren. Nach Belieben mit Kräutern oder Sprossen, z. B. Rote-Rettich-Sprossen, garnieren und servieren.

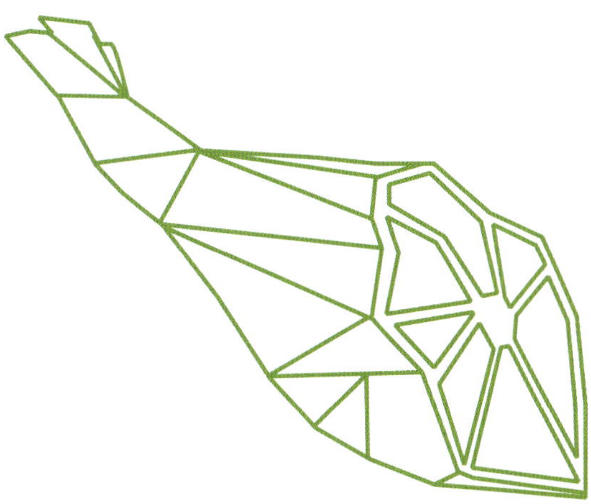

Hackfleisch, Schinken & Co.

4 Portionen

Zubereitung: 30 Min.

Kürbis-Mango-Suppe

mit würzigem Hacktopping

Zutaten

für die Suppe

1 Mango à ca. 400 g
1 Hokkaidokürbis à 750–800 g
100 g Knollensellerie
400 ml Kokosmilch
400 ml Gemüsefond
2 TL Currypulver
1 TL Zucker
1 EL Zitronensaft
1 EL Condimento bianco (heller italienischer Traubenmostessig)

für das Hacktopping

1 Zwiebel
1 Knoblauchzehe
1 Zweig Rosmarin
1 EL Öl
150 g Hackfleisch, von Reh, Wildschwein oder Rotwild
40 g getrocknete Cranberrys
1/2 TL Zucker
1 TL geräuchertes Paprikapulver
1 EL Condimento bianco (s. o.)
Salz | Pfeffer
Cayennepfeffer
1 EL Butter

Zubereitung

Für die Suppe die Mango schälen und das Fruchtfleisch vom Stein schneiden. 300 g abwiegen und klein schneiden, den Rest sofort naschen. Den Kürbis gründlich waschen und putzen, dann entkernen und klein schneiden. Den Sellerie schälen und ebenfalls klein schneiden.

In einem Topf Kokosmilch, Fond und Currypulver mit Mango und Gemüse zum Kochen bringen. Alles zugedeckt bei schwacher bis mittlerer Hitze 10 Minuten köcheln lassen.

Für das Hacktopping Zwiebel und Knoblauch schälen und in Würfel schneiden. Rosmarin waschen und trocken tupfen, die Nadeln abzupfen und fein hacken. Öl in einer Pfanne erhitzen. Zwiebeln und Hackfleisch mit dem Rosmarin bröselig anbraten, bis das Hackfleisch leicht gebräunt ist. Knoblauch und Cranberrys kurz mitbraten. Zucker dazugeben und leicht karamellisieren lassen. Paprikapulver unterrühren und mit Essig ablöschen. Mit Salz, Pfeffer und Cayennepfeffer abschmecken. Zuletzt die Butter in der Pfanne schmelzen lassen und unterrühren. Vom Herd nehmen.

Die Suppe ebenfalls vom Herd nehmen. Zucker, Zitronensaft und Essig dazugeben. Alles fein pürieren, dann die Suppe mit Salz, Pfeffer und Cayennepfeffer abschmecken.

Zum Anrichten Suppe auf vier Suppenschalen oder tiefe Teller verteilen. Das Hackfleisch-Topping darauf anrichten, sofort servieren. Dazu passt Baguette.

Häppchen vorweg

Wer liebe Gäste zu Besuch hat und ein Wildmenü plant, möchte vielleicht zum Empfang vorab ein paar raffinierte Häppchen reichen. Hier kommen Wildprodukte wie Schinken, Wurst und Paté ins Spiel. Denn mit diesen lässt sich im Handumdrehen leckerstes Fingerfood zaubern.

Baguette mit Salami und Grillpaprika

für 8 Baguettescheiben: 8 bunte Snackpaprika, 2 EL Olivenöl, 100 g Ziegenfrischkäse, 50 g Mayonnaise, 2 Stängel Basilikum, 8 Scheiben Baguette, 16 Scheiben Wildsalami, 1/2 TL Honig, 1 EL Rotweinessig, Salz, Pfeffer

Backofen auf 220 °C Ober-/Unterhitze vorheizen. Snackpaprika waschen und trocken tupfen. In eine Auflaufform legen, mit Olivenöl beträufeln und im Ofen 20 Minuten backen, bis sie gar und leicht gebräunt sind. Ziegenfrischkäse und Mayonnaise verrühren. Basilikum waschen und trocken tupfen, die Blätter abzupfen. Baguettescheiben mit Ziegenfrischkäse-Mayonnaise bestreichen und mit Basilikum belegen. Je zwei Scheiben Wildsalami auf die Brote legen. Paprika aus dem Ofen nehmen, mit Honig und Rotweinessig beträufeln. Mit Salz und Pfeffer würzen. Paprika auf die Salamischeiben legen und die Brote servieren.

Brote mit Tapenade und Wildschinken

für 8 Brotscheiben: 40 g Mandelstifte, 2 Stängel glatte Petersilie, 1 Knoblauchzehe, 80 g entsteinte grüne Oliven, 1 EL Kapern, 3 EL Olivenöl, 1/2 TL Honig, 1 EL Zitronensaft, Salz, Pfeffer, 1 Handvoll Rucola, 8 Scheiben rustikales Stangenbrot (z. B. Pain Paillasse), 8–16 Scheiben Wildschinken, 8 Silberzwiebeln

Für die Tapenade Mandelstifte in einer Pfanne ohne Fett hellbraun anrösten und sofort herausnehmen. Petersilie waschen und trocken tupfen, die Blätter abzupfen. Knoblauch schälen. Mandeln, Petersilie und Knoblauch im Blitzhacker oder mit dem Stabmixer mit Oliven, Kapern, Olivenöl, Honig und Zitronensaft fein pürieren. Mit Salz und Pfeffer abschmecken. Rucola waschen und trocken schleudern. Brotscheiben mit Tapenade bestreichen und mit Rucola belegen. Je ein bis zwei Scheiben Wildschinken darauf anrichten, mit je einer Silberzwiebel toppen und die Brote servieren.

Cracker mit Rehpaté und Kirschsenf

für 8 Cracker: 60 g Kirschkonfitüre, 3 TL körniger Senf, 8 Cracker, 8–16 TL Rehpaté (feine Pastete aus dem Glas), eingelegte grüne Pfefferkörner, 2–3 EL Rote-Rettich-Sprossen

Kirschkonfitüre mit Senf verrühren. Cracker mit je 1–2 TL Rehpaté bestreichen und je 1 gehäuften TL Kirschsenf daraufsetzen. Je vier bis fünf eingelegte grüne Pfefferkörner auf jeden Cracker streuen. Rote-Rettich-Sprossen waschen, trocken tupfen, darüberstreuen und die Cracker servieren.

4 Portionen
Zubereitung: 30 Min.

Brettl-Jause
mit Verhackertem

Zutaten

für das Verhackerte
200 g Wildschweinspeck am Stück
1 Schalotte
2 Knoblauchzehen
1/2 TL getrockneter Majoran
Salz
Pfeffer aus der Mühle

für den Liptauer-Frischkäse
1 Streifen rote Paprika
1 Cornichon
50 g weiche Butter
125 g Doppelrahmfrischkäse
1 TL Kräutersenf
1/2 TL Zucker
1 Knoblauchzehe
2 TL edelsüßes Paprikapulver
1/2 TL gemahlener Kümmel
Salz | Pfeffer

außerdem
12 Scheiben Bergkäse
100 g Wildschweinspeck am Stück
200 g kernlose Weintrauben
2 bunte Spitzpaprika, z. B. gelb und rot
4 Cornichons
1/2 rote Zwiebel
4 EL Kürbiskerne
1 kleiner Bund Schnittlauch
100 g Wildschinken in dünnen Scheiben, z. B. von Reh oder Hirsch
8 Blätter Chicorée, weiß oder rot

Zubereitung

Für das Verhackerte den Speck in möglichst kleine Würfel schneiden. Die Schalotte und den Knoblauch schälen und mit Speck und Majoran im Blitzhacker, alternativ auf dem Brett mit einem großen Messer, fein hacken. Mit Salz und Pfeffer abschmecken und in ein Schälchen umfüllen.

Für den Liptauer-Frischkäse die Paprika waschen und mit dem Cornichon in feine Würfel schneiden. Butter, Frischkäse, Senf und Zucker in einen hohen Becher geben. Knoblauch schälen und dazupressen. Gewürze dazugeben, alles mit dem Handrührgerät glatt und cremig rühren. Mit Salz und Pfeffer würzen. Paprika- und Gurkenwürfel unterrühren. In ein Schälchen umfüllen.

Den Käse entrinden und in Scheiben schneiden. Den Speck in dünne Scheiben schneiden. Trauben von den Stielen zupfen, waschen und trocken tupfen. Paprika waschen und in Ringe schneiden. Cornichons in Scheiben schneiden und auffächern. Die Zwiebel schälen und in Ringe schneiden. Kürbiskerne in einer Pfanne ohne Fett anrösten, bis sie sich aufblähen, zu knacken beginnen und leicht gebräunt sind. Sofort aus der Pfanne nehmen. Inzwischen Schnittlauch waschen, trocken tupfen und in feine Röllchen schneiden.

Zum Anrichten auf einem Servierbrett Speckscheiben, Käse und Schinken anrichten, die Cornichonfächer darauflegen. Chicoréeblätter daneben legen und Weintrauben, Zwiebelringe, Paprika, Kürbiskerne und Schnittlauch darauf anrichten. Die Schälchen dazustellen und mit rustikalem Brot (z. B. 750 g Holzofenbrot) servieren.

4 Portionen
Zubereitung: 35 Min.

Köttbullar

mit Kartoffel-Erbsen-Stampf

Zutaten

für Köttbullar und Sauce

2 Zwiebeln
1 Knoblauchzehe
600 g Wildhackfleisch, von Reh, Wildschwein oder Rot- bzw. Damwild
100 g Paniermehl
2 Eier, Größe M
4 EL Milch
1/2 TL Wildgewürz, gemahlen
Salz | Pfeffer
300 ml Gemüsebrühe
150 ml Sahne
4 TL Dijonsenf
8 EL Preiselbeeren, aus dem Glas
2 EL Speisestärke
2 EL Öl

für den Stampf

800 g Kartoffeln, vorwiegend festkochend
Salz
300 g TK-Erbsen
2 EL Knoblauchbutter
50 ml Sahne
2 EL Zitronensaft
Pfeffer

Zubereitung

Für die Köttbullar eine Zwiebel und den Knoblauch schälen und in feine Würfel schneiden. Mit Hackfleisch, Paniermehl, Eiern, Milch und Wildgewürz in eine Schüssel geben. Mit Salz und Pfeffer würzen und alles gut vermengen. Daraus 12 bis 16 Hackbällchen formen.

Die übrige Zwiebel schälen und in feine Würfel schneiden.

Für die Sauce Brühe, Sahne, Senf, 4 EL Preiselbeeren und Speisestärke verrühren. Mit Salz und Pfeffer würzen.

Für den Stampf die Kartoffeln schälen und in Scheiben schneiden. In einem Topf mit leicht gesalzenem Wasser bedeckt zum Kochen bringen. Mit schräg aufgelegtem Deckel bei nicht zu starker Hitze 10 Minuten leise köcheln.

Inzwischen für die Hackbällchen Öl in einer Pfanne erhitzen. Zwiebelwürfel und Fleischbällchen darin 6 bis 8 Minuten anbraten, bis beides gut gebräunt ist.

Für den Stampf die Erbsen zu den Kartoffeln geben, erneut aufkochen und weiter zugedeckt bei nicht zu starker Hitze 5 Minuten leise köcheln.

Die angerührte Sauce zum Fleisch gießen, aufkochen und bei nicht zu starker Hitze dicklich einkochen lassen.

Kartoffeln abgießen und etwas ausdampfen lassen. Butter, Sahne und Zitronensaft dazugeben und alles mit dem Kartoffelstampfer grob stampfen. Stampf und Sauce mit Salz und Pfeffer abschmecken.

Zum Anrichten vier Teller bereitstellen. Auf je eine Hälfte der Teller Kartoffel-Erbsen-Stampf häufen. Die Köttbullar samt Sauce daneben anrichten. Je 1 EL Preiselbeeren darüber träufeln und servieren.

4 Portionen

Zubereitung: 40 Min.

Fertig in: 1 Std. 15 Min.

Mini-Hackbraten

mit Paprika-Mandel-Sauce

Zutaten

für die Hackbraten

4 Eier, Größe M

1 Zwiebel

600 g Wildhackfleisch, von Wildschwein, Reh oder Rot- bzw. Damwild

2 EL getrocknete italienische Kräuter

2 EL Ajvar

2 TL mittelscharfer Senf

4 EL Paniermehl

Salz | Pfeffer

150 ml Gemüsebrühe

für die Sauce

1 rote Paprikaschote

1 Zwiebel

2 Knoblauchzehen

1 EL Öl

1 TL Zucker

150 ml Gemüsebrühe

2 EL Condimento bianco (heller italienischer Traubenmostessig)

2 EL Mandelmus

Bratensud von den Hackbraten, ersatzweise 100 ml Gemüsebrühe

Salz | Pfeffer

Zubereitung

Den Backofen auf 200 °C Ober-/Unterhitze vorheizen.

Für die Hackbraten die Eier in einem Topf knapp mit Wasser bedeckt in 6 bis 7 Minuten wachsweich kochen.

Für die Sauce die Paprika halbieren, Kerne und weiße Innenhäute entfernen. In breite Spalten schneiden und mit der Haut nach oben auf ein mit Backpapier ausgelegtes Blech legen. Im heißen Backofen 25 Minuten backen, bis die Haut gut geschwärzt ist.

Inzwischen für die Hackbraten die Zwiebel schälen und in feine Würfel schneiden. Das Hackfleisch mit den Zwiebelwürfeln, Kräutern, Ajvar, Senf und Paniermehl mischen, mit Salz und Pfeffer würzen.

Den Topf vom Herd nehmen, die Eier in kaltem Wasser abschrecken. Die Eier pellen. Das Hackfleisch in vier Portionen teilen, zu Kugeln formen und flach drücken. Die Eier jeweils in die Mitte legen, das Hackfleisch vorsichtig um die Eier verschließen und zu kleinen Braten formen. Die Braten in eine kleine Auflaufform legen und die Brühe angießen. Im heißen Backofen auf der mittleren Schiene 30 Minuten backen.

Für die Sauce die Zwiebel und die Knoblauchzehen schälen und in feine Würfel schneiden. Öl in einem Topf erhitzen und die Zwiebelwürfel darin andünsten. Knoblauchwürfel dazugeben und kurz mitdünsten. Den Zucker hinzufügen und kurz karamellisieren lassen. Brühe und Essig angießen und zugedeckt bei schwacher Hitze köcheln lassen. Die Paprika aus dem Ofen nehmen und mit einem feuchten Tuch abdecken.

Nach 4 bis 5 Minuten die Haut von der Paprika abziehen. Paprika und Mandelmus in den Zwiebelfond geben. Alles mit dem Stabmixer fein pürieren.

Die Hackbraten aus dem Ofen holen, aus der Form nehmen und kurz zur Seite stellen. Den Sud durch ein Sieb zur Sauce gießen. Alles erneut durchmixen. Die Sauce mit Salz und Pfeffer abschmecken.

Zum Anrichten die Hackbraten in Scheiben schneiden und mit der Sauce auf Tellern anrichten. Dazu passen Kohlrabi oder Erbsen und Möhrchen sowie Kartoffelpüree.

4-6 Portionen

Zubereitung:
35 Min.

Fertig in:
2 bis 2 Std. 30 Min.

Döppekooche

mit Mettwürstchen und Apfel-Quitten-Kompott

Zutaten

für den Döppekooche

1,5 kg Kartoffeln, vorwiegend festkochend

2 Zwiebeln

200 g Wild-Mettwürstchen, von Wildschwein, Reh, Rot- bzw. Damwild oder gemischt

2 Eier, Größe M

100 ml Sahne

50 g Speckwürfel

1 TL Kartoffelstärke

Salz | Pfeffer

frisch geriebene Muskatnuss

100 ml Öl

für das Kompott

2 Quitten

2 säuerliche Äpfel

100 ml Weißwein

70 g Zucker

2 EL Zitronensaft

Zubereitung

Für den Döppekooche den Backofen auf 220 °C Ober-/Unterhitze vorheizen. Die Kartoffeln schälen und waschen, anschließend raspeln. Flüssigkeit herausdrücken und in einer Schüssel auffangen. Diese für 10 Minuten zur Seite stellen, damit sich die Kartoffelstärke von der Flüssigkeit absetzen kann. Inzwischen die Zwiebeln schälen und fein reiben. Die Mettwürstchen in Scheiben schneiden.

Die abgesetzte Stärke vorsichtig abschöpfen und wieder zu den Kartoffelraspeln geben. Geriebene Zwiebeln, Eier, Sahne, Mettwürstchen, Speckwürfel und Kartoffelstärke dazugeben. Alles gründlich mischen und mit Salz, Pfeffer und Muskatnuss würzen.

Einen gusseisernen Topf oder eine Backform mit der Hälfte des Öls einfetten. Die Kartoffelmasse einfüllen, glatt streichen und mit dem restlichen Öl bepinseln. Auf der mittleren Schiene im heißen Backofen etwa eine Stunde mit geschlossenem Deckel backen. Anschließend noch einmal offen eine halbe bis eine Stunde weiterbacken, bis sich eine schöne, braune Kruste gebildet hat.

Inzwischen für das Kompott Quitten und Äpfel schälen, vierteln und jeweils das Kerngehäuse entfernen. Quitten und Äpfel in kleine Würfel schneiden. In einem Topf mit Weißwein und 100 ml Wasser zum Kochen bringen. Zucker und Zitronensaft hinzufügen. Bei schwacher bis mittlerer Hitze etwa 15 Minuten gar köcheln lassen. Dann den Topf vom Herd nehmen und das Kompott nach Belieben grob stampfen oder fein pürieren. In eine Schüssel füllen und abkühlen lassen.

Zum Anrichten den Döppekooche aus dem Ofen nehmen und kurz ruhen lassen. Dann in Stücke schneiden und auf Teller verteilen. Mit dem Apfel-Quitten-Kompott servieren.

4 Portionen

Zubereitung: 30 Min.

Fertig in: 1 Std. 30 Min. + Ruhezeit über Nacht

Pizza bianca

mit Wildsalami, Lauch und Chili-Honig

Zutaten

für den Teig

600 g Mehl, Weizenmehl Type 405 oder Pizzamehl Tipo 00

Mehl zur Verarbeitung

6 g Frischhefe

15 g Salz

4 TL Olivenöl

für das Topping

250 g Lauch

125 g Bergkäse am Stück

400 g Schmand

Salz | Pfeffer

200 g Wildsalami in Scheiben, von Wildschwein, Reh, Rot- bzw. Damwild oder gemischt

für den Chili-Honig

1 rote Chilischote, z. B. Peperoni

60 g Honig

½ TL edelsüßes Paprikapulver

1 Prise Cayennepfeffer

Zubereitung

Für den Teig einen Tag vorher starten. 400 g Mehl in eine Schüssel geben. 400 ml Wasser dazugießen. Hefe zerbröckeln und mit dem Handrührgerät unterrühren. Dann das Salz unterrühren. Den recht flüssigen Teig zugedeckt 20 Minuten bei Zimmertemperatur quellen lassen. Nach der Ruhezeit den Teig erneut einige Minuten mit dem Handrührgerät verrühren. Nun zu den Knethaken wechseln. Nach und nach das restliche Mehl hinzufügen und unterkneten. Sobald der Teig sich vom Boden löst und sich beim Kneten zu einer Kugel formt, noch 2 Minuten weiter kneten. Dann erneut zugedeckt 20 Minuten ruhen lassen.

Die Arbeitsfläche bemehlen. Teig darauf stürzen und mit etwas Mehl bestäuben. Kurz zu einer Kugel kneten, dann den Teig mit einem scharfen Messer oder einer Teigkarte in vier gleich große Stücke teilen. Die Teiglinge erneut kurz zu Kugeln formen. Vier ausreichend große verschließbare Boxen mit Olivenöl einpinseln. Die Teiglinge hineinlegen, die Boxen verschließen und den Teig im Kühlschrank 24 Stunden langsam gehen lassen.

Am nächsten Tag 30 Minuten vor dem Backen den Backofen mit Pizzastein, Backstahl oder einem Blech auf die maximale Temperatur vorheizen, mindestens aber auf 250 °C Ober-/Unterhitze.

Für das Topping Lauch putzen, in Ringe schneiden und waschen. Anschließend in einem Topf mit Dämpfeinsatz über kochendem Wasser 5 Minuten dämpfen. Dann in ein Sieb abgießen, kalt abschrecken und abtropfen lassen. Den Käse reiben.

Arbeitsfläche mit Mehl bestäuben. Einen Teigling darauf stürzen. Mit den Fingern zu einem runden, in der Mitte flachen, am Rand aufgewölbten Fladen formen (Ø 28–30 cm). Auf einen passenden Streifen Backpapier legen. Übrige Teiglinge genauso formen.

Für den Chili-Honig die Chili halbieren, entkernen, waschen und sehr fein würfeln. In einem Topf mit dem Honig aufwallen lassen. Mit Paprikapulver und Cayennepfeffer würzen, vom Herd nehmen.

Teiglinge mit Schmand bestreichen, salzen und pfeffern. Mit Käse bestreuen. Lauch und Salamischeiben auf den Pizzen verteilen.

Die Pizzen nacheinander im heißen Backofen in 5 bis 10 Minuten knusprig backen. Aus dem Ofen nehmen, vierteln, mit dem Chili-Honig beträufeln und sofort servieren.

4 Portionen

Zubereitung: 30 Min.

Spaghetti Cacio e Pepe

mit Pfifferlingen und Wildschinken

Zutaten

250 g Pecorino Romano am Stück

3 TL schwarze Pfefferkörner

120 g Wildschinken, von Wildschwein, Reh oder Rotwild

300 g Pfifferlinge, alternativ Buchenpilze

1 Zweig Salbei

1 Knoblauchzehe

Salz

400 g Spaghetti

2 EL Öl

Pfeffer aus der Mühle

Zubereitung

Den Käse fein reiben. Die Pfefferkörner im Mörser grob zerstoßen. Den Schinken etwas zerpflücken. Die Pilze putzen, bei Buchenpilzen den Wurzelansatz abschneiden, große Pilze halbieren. Den Salbei waschen und trocken tupfen, die Blätter abzupfen und in Streifen schneiden. Knoblauch schälen und in feine Würfel schneiden.

2 l leicht gesalzenes Wasser in einem Topf zum Kochen bringen. Die Spaghetti darin bei mittlerer Hitze sehr bissfest garen.

Inzwischen Öl in einer Pfanne erhitzen und die Pilze darin anbraten, bis sie gar sind. Knoblauch und Salbei kurz mitbraten. Mit Salz und Pfeffer würzen, warm halten.

In einer weiteren großen Pfanne die Pfefferkörner anrösten, bis es duftet. Zwei Tassen Nudelwasser abnehmen und dazugießen. Die Spaghetti in ein Sieb abgießen, dabei noch eine weitere Tasse Kochwasser auffangen.

Den Pecorino zum Pfeffer in die Pfanne geben und schmelzen lassen. Die Spaghetti dazugeben und alles cremig verrühren, dafür gegebenenfalls noch etwas Kochwasser beifügen. Den Schinken unterrühren.

Die Spaghetti auf vier Teller verteilen. Die Pilze als Topping auf die Spaghetti geben. Nach Belieben noch etwas Pfeffer grob darüber mahlen und servieren.

4 Portionen
Zubereitung: 30 Min.
Fertig in: 1 Std. 15 Min.

Provence-Burger vom Grill

mit Ziegenkäse und Rouille-Mayo

Zutaten

für die Rouille-Mayo
1 Döschen Safranpulver à 0,1 g
2 EL trockener Weißwein
100 g Mayonnaise
1/2 EL Zitronensaft
1 TL asiatische Fischsauce
1/2 TL Tomatenmark
1/2 Knoblauchzehe
Salz | Pfeffer

außerdem
2 Zwiebeln
3 EL Olivenöl
6 TL Honig
3 EL Aceto balsamico
Salz | Pfeffer
4 Salatblätter, z. B. Lollo bionda
600 g Wildhackfleisch, von Wildschwein, Reh oder Rot- bzw. Damwild
4 Burger Buns
2 rote Paprikaschoten
300 g große Ziegenweichkäserolle mit Edelschimmel

Zubereitung

Für die Rouille-Mayo Safran mit dem Weißwein verrühren, dann mit Mayonnaise, Zitronensaft, Fischsauce und Tomatenmark glatt rühren. Knoblauch schälen und dazupressen. Mit Salz und Pfeffer abschmecken.

Die Zwiebeln schälen und in feine Würfel schneiden. 1 EL Olivenöl in einer Pfanne erhitzen, die Zwiebelwürfel darin anbraten, bis sie leicht gebräunt und glasig sind. 2 TL Honig und 1 EL Balsamico dazugeben und leicht karamellisieren lassen. Mit Salz und Pfeffer würzen und in ein Schälchen umfüllen.

Salatblätter waschen, trocken schleudern und auf einem Teller bereitstellen. Das Hackfleisch mit Salz und Pfeffer würzen. Vier flache Pattys daraus formen. Die Buns halbieren.

Den Grill anheizen. Paprikaschoten halbieren, Kerne und weiße Innenhäute entfernen. Die Hälften waschen und längs dritteln. In eine Grillschale legen und mit 1 EL Olivenöl beträufeln. Ziegenkäse in vier Scheiben schneiden und ebenfalls in eine Grillschale legen.

Die Paprikaschoten auf dem Grill etwa 10 Minuten garen, dabei hin und wieder wenden. Nach 3 Minuten die Schale mit dem Ziegenkäse ebenfalls auf den Grill stellen. Fertige Paprika mit dem übrigen Balsamico beträufeln, mit Salz und Pfeffer würzen und in eine Zone mit wenig Hitze schieben. Dann die Ziegenkäsescheiben mit je 1 TL Honig beträufeln und ebenfalls in eine Zone mit wenig Hitze schieben.

Die Pattys mit dem restlichen Olivenöl bepinseln und in der heißen Zone grillen, bis sie gut gebräunt und gar sind. Die Buns mit der Schnittfläche nach unten kurz auf dem Grill anrösten, bis sie knusprig und leicht gebräunt sind. Alles vom Grill nehmen.

Zum Anrichten die Schnittflächen der Buns mit je 1 EL Rouille-Mayo bestreichen. Die Unterseiten der Buns mit Salat, Paprikastreifen und Pattys belegen. Den Ziegenkäse auf den Pattys platzieren und mit den karamellisierten Zwiebeln toppen. Die Bunoberhälften auflegen und sofort servieren.

4 Portionen

Zubereitung: 35 Min.

Fertig in: 50 Min.

Bifteki

mit Tomatenreis

Zutaten

für die Bifteki

1 Zwiebel
2 Knoblauchzehen
1 Tomate
2 Stängel glatte Petersilie
1/2 Bio-Zitrone
600 g Wildhackfleisch, von Wildschwein, Reh oder Rot- bzw. Damwild
100 g Paniermehl
1 Ei, Größe M
2 TL getrocknetes Oregano
1 TL edelsüßes Paprikapulver
4 EL Olivenöl
Salz | Pfeffer
200 g Feta

für den Tomatenreis

200 g Langkornreis
1 Zwiebel
1 Knoblauchzehe
3 EL Olivenöl
1 TL Zucker
1 EL Tomatenmark
250 g stückige Tomaten
1 Lorbeerblatt
Salz | Pfeffer
200 ml Gemüsefond
1 EL Weißweinessig

Zubereitung

Für die Bifteki die Zwiebel und die beiden Knoblauchzehen schälen und in feine Würfel schneiden. Tomate waschen und halbieren. Kerne und Stielansatz entfernen. Die Tomatenhälften in kleine Würfel schneiden. Petersilie waschen und trocken tupfen. Blätter abzupfen und fein hacken. Zitrone heiß waschen, mit einem sauberen Küchentuch trocken reiben. Schale abreiben und Saft auspressen. Hackfleisch, Paniermehl, Ei, Zwiebel, Knoblauch, Tomatenwürfel, Petersilie, Zitronenschale und 1 EL Zitronensaft, Oregano, Paprikapulver und 2 EL Olivenöl in einer Schüssel gründlich mischen. Mit Salz und Pfeffer würzen und 10 bis 15 Minuten ruhen lassen.

Inzwischen für den Tomatenreis den Reis in einem Sieb waschen und abtropfen lassen. Zwiebel und Knoblauch schälen und in feine Würfel schneiden. Olivenöl in einem Topf erhitzen. Zwiebel- und Knoblauchwürfel darin andünsten. Zucker und Tomatenmark dazugeben und leicht karamellisieren lassen. Stückige Tomaten hinzufügen und kurz mitdünsten. Das Lorbeerblatt zugeben, salzen und pfeffern. Reis hinzufügen. Gemüsefond und 300 ml Wasser angießen und offen 16 bis 18 Minuten köcheln lassen, bis der Reis knapp gar, das Gericht aber noch leicht saucig ist. Dabei immer wieder umrühren. Den Reis vom Herd nehmen.

Für die Bifteki in der Zwischenzeit den Backofen auf 80 °C Ober-/Unterhitze vorheizen. Den Feta in vier Scheibchen schneiden. Die Hackfleischmasse in vier gleich große Portionen teilen und diese jeweils rund um eine Scheibe Feta zu einem flachen Fladen formen. Die Bifteki im restlichen Olivenöl in zwei Portionen in einer Grillpfanne braten, bis sie von beiden Seiten gut gebräunt und gar sind. Fertige Bifteki im Ofen warm halten.

Zum Anrichten das Lorbeerblatt aus dem Reis nehmen. Essig unter den Reis rühren, mit Salz und Pfeffer abschmecken. Bifteki und Reis zusammen auf vier Tellern anrichten.

Dazu passen ein Gurkensalat, z. B. mit roter Zwiebel und frischem Dill, sowie Zaziki.

Autorenporträt

Martin Kintrup lebt auf einem idyllischen Bauernhof am Stadtrand von Münster. Die Liebe zur Natur bekam er schon in die Wiege gelegt: Denn sein Vater ist auch mit 84 Jahren noch ein begeisterter Gärtner. Als nach dem Abitur die Studienwahl anstand, entschied Martin sich folgerichtig für die Landschaftsökologie.

Während des Studiums entdeckte er seine zweite große Liebe: das Kochen! In einem vegetarischen Restaurant in Münster kochte er mehrere Jahre mit großer Freude und entdeckte, wie vielfältig und lecker die pflanzliche Küche sein kann.

Mit dem ersten Buch VEGETARISCH AUS ALLER WELT wurde das Schreiben über das Kochen zu Martins Beruf. Doch auch die Fleischküche hat es ihm angetan und so gehören Titel wie DIE BURGER-FORMEL oder STREETFOOD zu seinem stetig wachsenden Portfolio. Seit rund 20 Jahren arbeitet er nun schon erfolgreich als Autor, inzwischen auch als Foodstylist. In dieser Zeit sind von ihm rund 60, zum Teil preisgekrönte Bücher erschienen – teils vegetarisch, teils mit Fleisch, häufig mit nachhaltigen Themen und immer richtig lecker. Mit seinen Büchern vereint Martin seine zwei großen Passionen und beweist, dass eine nachhaltige Lebensweise und grenzenloser Genuss kein Widerspruch sein müssen.

Mit Liebe für Sie gemacht!

WIR LIEFERN HERAUSRAGENDE QUALITÄT.

Landleben, Genuss, Natur: Hier sind wir zu Hause.

MATERIAL, FORMAT, BINDUNG

Wir stehen für hochwertige Bücher mit individuellen Details.

KNIPS!

Ein anregendes Layout und großformatige Bilder sind für uns unerlässlich.

REGIONAL VERWURZELT

Kurze Transportwege sind uns wichtig – für die Umwelt und einen kleineren CO_2-Fußabdruck.

FAMILIÄR

Unser Team kümmert sich mit Hingabe um jede Ihrer Anfragen.

NATURVERBUNDEN

Wir bevorzugen FSC-zertifiziertes Papier.

FEEDBACK

Wir nehmen uns Kritik zu Herzen und sehen Fehler als Chance.

RICHTIG WILD!

Moderne Wild-Rezepte – vielfältig und verdammt lecker.

Martin Kintrup
€ 29,00 [D] € 29,80 [A]
ISBN 978-3-7843-5694-5

Jetzt bestellen unter www.buchweltshop.de

Impressum

Deutsche Originalausgabe:
LV.Buch im Landwirtschaftsverlag GmbH, 48084 Münster

1. Auflage 2024

Gestaltung: Bettina Tiedemann, LV Media Pro im Landwirtschaftsverlag GmbH
Titelgestaltung: LV Media Pro im Landwirtschaftsverlag GmbH
Fotografie: Merle Weidemann
Umschlag Hintergrundbild: gettyimages/Akintevs/iStock/Getty Images Plus
Lektorat: Anne Huntemann, Landwirtschaftsverlag GmbH
Korrektorat: Irene Schlagheck, Ute Voßeberg, Landwirtschaftsverlag GmbH
Herstellung: LV Media Pro im Landwirtschaftsverlag GmbH, Anja Luszek-Hoffmann (Ltg.), Ingo Feyka
Druck: aprinta druck GmbH, Wemding
ISBN: 978-3-7843-5755-3

MIX
Papier | Fördert gute Waldnutzung
FSC® C004592

www.lv-buch.de